SCHLESWIG-HOLSTEIN *erleben*

Der offizielle Ausflugsführer von R.SH Radio Schleswig-Holstein

100 Dinge, die man zwischen Nord- und Ostsee mal getan haben muss

Christine Lendt

BRUCKMANN

Inhalt

I An Elbe und Nordseeküste

II Im Binnenland

Vorwort

Schleswig-Holsteiner sind die glücklichsten Deutschen. Geahnt haben wir das schon immer, jüngst wurde es auch offiziell per repräsentativer Umfrage bestätigt. Wer hier lebt, aber auch wer hier zu Gast ist, spürt schnell: Dieses Land macht etwas mit einem. Die Weite, das Meer, der Himmel, Sonne, Regen, Wind – all dies wirkt auf uns ein, tut der Seele gut, macht glücklich. Auch der Zusammenhalt der Menschen hier im Land spielt dabei eine Rolle. Nicht von ungefähr lautet das Motto von R.SH »Zusammen sind wir Schleswig-Holstein«.

In unserem Buch haben wir 100 Erlebnisse in diesem beeindruckenden Land zwischen den Meeren gesammelt, die dieses Glücksgefühl noch verstärken. 100 Dinge, die man einfach mal getan haben muss: Das kann durchaus etwas Bekanntes sein, aber für Sie von uns neu entdeckt, oder auch der Geheimtipp, der selbst gebürtigen Nordlichtern ganz neu sein wird. Für jeden ist etwas dabei: für einen Wochenendausflug, fürs Ferienprogramm, für Ihren nächsten Urlaub zu Hause. Sie können allein unterwegs sein, mit Kindern, mit Freunden und Ihrem Partner, Ihrer Partnerin. Ob eine Eselwanderung an der Schlei, die Fahrt mit einem Speedboot in der Lübecker Bucht oder eine Führung durch einen modernen Windpark in Dithmarschen:

Ein ganz besonderes Dankeschön möchten wir der Reisebuchautorin Christine Lendt aussprechen, die als gebürtige Flensburgerin immer wieder gern das Land bereist, die die schönen Kapitel für dieses Buch geschrieben und auch einige Geheimtipps beigesteuert hat.

Wir wünschen Ihnen nun ganz viel Spaß beim Erkunden und natürlich viele Glücksmomente!

Zusammen sind wir Schleswig-Holstein.

Ihr Jens Küffner

Programmchef R.SH

0 10 km
N
NORDSEE
Rømø
Sylt
List
Nationalpark
Westerland
Tønder
Tinglev
Aabenraa
Nordfriesische Inseln
Schleswig-
Niebüll
Dagebüll
Leck
Handewitt
Flensburg/Harrislee
Flensburg
Föhr
Amrum
Tarp
Bredstedt
Nordfriesland
Hallig Hooge
Norderoog-sand
Pellworm
Norder-hafen
Husum
Oster-Ohrstedt
Schleswig/Schuby
Hüsby
Nordstrand
Hollingstedt
Süderoog-sand
Holsteinisches
Eiderstedt
Friedrich-stadt
Kropp
Tetenbüll
Tönning
St. Peter-Ording
Pehlen
Eider
Deutsche
Heide-West
Heide
Heide-Süd
Wesselburen
Dithmarschen
Helgoland
Wattenmeer
Büsum
Albersdorf
Meldorfer Bucht
Meldorf
Hanerau-Hademarschen
Schafstedt
Trischen
Friedrichskoog
Bucht
Marne
Neuwerk
Nationalpark Hamburgisches Wattenmeer
Cuxhaven
Brunsbüttel
Elbe
Wangerooge
Großer Knechtsand
Altenwalde
Land
Otterndorf
Spieka
Wischhafen
Drochtersen
Land Hadeln
Nordholz
Mellum
Hemmoor
Neuenwalde
Kehdingen
Lang-warden
Langen
Bad Bederkesa
Debstedt
Stade
Wittmund
Nieder-sachsendamm
Himmel-pforten
Jever
Fedder-warden
Wilhelmshaven
Norden-ham
Bremerhaven
Stade-Süd
Wilhelms-havener Kr.
Wilhelms-haven
Sande
Jadebusen
Friedeburg
Zetel
Loxstedt
Bremervörde
Varel/Bockhorn
Stotel
Bockhorn
Varel
Roden-kirchen
Ahlerstedt
Varel-Obenstrohe
Hagen
Gnarrenburg
25 88 24 27 28 26 87 83 90 91 23 22 95 96 17 21 29 18 20 96 15 16 98 19 14 93 12 13 28 2 84 11 10 9 7 100 8 6 5

Bugt
Lille Bælt
Helnæs
Helnæs Bugt
Faaborg
Svendborg
Omø
Als
Lyø
Avernakø
Langeland
Langelands Bælt
Rudkøbing
Sønderborg
Sønderby
Ærø
Nakskov
Lolland
Flensburger Förde
80
Gelting
78
Maasholm
79
Kappeln
77
Angeln
Arnis
Sundsacker
76
OSTSEE
87
Fehmarnbelt
75
Waabs
69
Fehmarn
Schlei
Eckernförder Bucht
Kieler Bucht
58
59
Burg
Eckernförde
71
72
Strande
89
70
Laboe
Schönberg
64
Heiligenhafen
60
Gettorf
68
Todendorf
Heiligenhfn.-O.
Hohwachter Bucht
32
Bredenbek
66
67
86
63
Gremersdorf
Selenter See
62
Hohwacht
91
92
30
Kr. Rendsburg
Lütjenburg
Oldenburg i. H.-Süd
Oldenburg i. Holst.
65
Kiel
99
61
Wagrien
33
Blumenthal
94
Preetz
36
39
Kirchnüchel
Lensahn
35
34
Bordesholm
38
56
55
Plön
Malente
Dr. Bordesholm
98
Grömitz
Nortorf
97
37
40
Eutin
57
44
43
Großer Plöner See
41
Neustadt
Neumünster
Bornhöved
Sierksdorf
53
54
Lübecker Bucht
Wasbek
Eutin
Neumünster-Süd
Ahrensbök
Scharbeutz
Ostseebad Boltenhagen
42
Daldorf
Pansdorf
Timmendorfer Strand
Kellinghusen
98
Großenaspe
Bad Segeberg
Bad Schwartau
Travemünde
45
Wahlstedt
46
95
52
85
Dassow
Bad Bramstedt
Grevesmühlen
Bad Bramstedt
Schwissel
50
51
Lübeck
Bad Oldesloe
Schönberg
Kaltenkirchen
Horst/Elmshorn
Kr. Lübeck
Lüdersdorf
Grevesmühlen
Bobitz
Henstedt-Ulzburg
Bad Oldesloe-S.
Groß Sarau
Ratzeburger See
94
L.-Süd
Bad Oldesloe
Elmshorn
Bargteheide
Kr. Bargteheide
48
Ratzeburg
Gadebusch
Norderstedt
Ahrensburg
98
Pinneberg
47
Seedorf
Schaalsee
Schwerin
Dr. HH-NW
Ahrensburg
Trittau
Wedel
1
90
Mölln
HAMBURG
Hornbek
Jork
49
Talkau
Zarrentin
Wittenburg
Wittenburg
Gallin
Jork
Wentorf
Schwarzenbek
Altes Land
Hagenow
Dr. HH-SW
Hagenow
Elbe
Maschener Kr.
Buchholzer Dr.
Winsen (Luhe)
Boizenburg
Rade
Horster

1 An einer Schiffsbegrüßung teilhaben

Es war einmal ein kleiner Junge, der winkte am Elbstrand so gern den Schiffen zu. Doch es kam kein Gruß zurück. Der Junge nahm sich vor: »Wenn ich groß bin, mache ich eine Schiffsbegrüßungsanlage!« Im Jahr 1952 war es so weit und er wurde fortan nie mehr übersehen: Otto Friedrich Behnke (1899–1964) gründete das Willkomm Höft.

Noch heute ist die Schiffbegrüßungsanlage das wohl beliebteste Ausflugsziel in Wedel. Von morgens bis abends wird jedes in Hamburg einlaufende Schiff feierlich begrüßt und jedes auslaufende Schiff wieder verabschiedet. Dazu spielt ein Begrüßungskapitän die Nationalhymne des jeweiligen Landes und dippt die Flagge der Hansestadt. Darüber freuen sich auch die Kaffee trinkenden Gäste im Schulauer Fährhaus, denn zu jedem Lied erzählt der Begrüßungskapitän per Mikrofon etwas über Tonnage und Tiefgang, das Baujahr und noch mehr über das jeweils begrüßte Schiff. Dabei helfen ihm rund 17 000 Karteikarten und der tägliche Hafenbericht, neue Monitore und eine Webcam auf dem Dach.

Er ist sozusagen ein nautischer DJ, und die Tür zu seiner Kabine steht offen, damit Gäste Fragen stellen und Ansichtskarten kaufen können. Der Begrüßungskapitän erzählt dann Geschichten über seltene Schiffe wie jenes aus dem mongolischen Ulaanbaatar, für das es keine passende Hymne gab. Wenn einmal längere Zeit gar kein Schiff kommt, lässt er auch mal ein U-Boot vorbeifahren, damit die Gäste trotzdem eine Begrüßung erleben können. Mit Glück erlebt man auch ganz besondere Momente wie die Begrüßung des Schulschiffs aus Südamerika: Die Besatzung stellte sich in der Takelage auf, gekleidet in den Farben Kolumbiens – als Dankeschön für den netten Empfang.

Das zuvor schon etwas eingestaubte Schulauer Fährhaus verwandelte sich 2012 in einen schicken Ort mit Showküche, viel nautischem Blau und Kaminzimmer. Es gibt Speisen vom Fischbrötchen bis à la carte, regelmäßig Brunch und natürlich immer viel Kaffee und Kuchen.

RSH -TIPP

Das Willkomm Höft ist auch der unschlagbar beste Platz in Schleswig-Holstein, wenn die »Queen Mary 2« nach Hamburg kommt. Dann gilt nur: Frühzeitig da sein, denn es wird voll.
Die Ankunftszeiten der Kreuzfahrtschiffe finden Sie zum Beispiel im Internet auf www.hamburg.de/kreuzfahrtschiffe.

Informationen Schulauer Fährhaus · Mo–So 11–23 Uhr (bei Veranstaltungen open end), So/Feiertag 9.30–12 Uhr Frühstücksbuffet · Parnaßstraße 29 · 22880 Wedel · Tel. 0 41 03/9 20 00 · www.schulauer-faehrhaus.de · Schiffsbegrüßung tgl. 9–20 Uhr, bei Kreuzfahrtschiffen auch später.

Anfahrt B 431 Richtung Wedel, am Ortseingang (aus Richtung Hamburg) in die Schulauer Str. abbiegen und dieser bis zur Parnaßstraße folgen. Begrenzte Parkmöglichkeiten nahe dem Fährhaus.

Informationen www.helgoland.de
Helgoland Touristik · Lung Wai 28 (im Rathaus) · 27498 Helgoland · E-Mail: info@kurverwaltung-helgoland.de/zimmervermittlung@kurverwaltung-helgoland.de · Infos zu den Hummerpatenschaften unter www.helgoland.de oder www.Jordsand.de

Anfahrt **Mit der Fähre:** Katamaran ab Wedel nach Helgoland. www.helgoline.de
Fährverbindungen nach Helgoland z. B.: www.helgoline.de/www.cassen-eils.de

Den Pinneberg auf Helgoland besteigen

2

Helgoland gehört zum Kreis Pinneberg, und so war auch ein Name für die höchste Erhebung schnell gefunden. Mit Gipfelkreuz und Gipfelbuch ausgestattet ist sie ein Grund mehr, Deutschlands einzige Hochseeinsel zu besuchen. Am besten verbindet man es mit dem Lummensprung, bei dem todesmutige Küken sich in die Nordsee stürzen.

Während jeder die »Lange Anna« kennt, obwohl sie (bei allem Respekt) fast 15 Meter niedriger ist, fristete der Pinneberg lange ein Schattendasein. Das änderte sich erst, als 1998 vier mutige Bergsteiger aus Itzehoe kamen und »unter großen Mühen und Entbehrungen diese Erhebung der 61 Meter-Kategorie« erklommen. Sie stellten das mitgebrachte Gipfelkreuz auf und tauften die Kuppe feierlich Pinneberg, der übrigens genau genommen sogar 61,3 Meter hoch ist und damit der höchste Punkt des Landkreises. Er entstand am18. April 1947 durch die Operation Big Bang, als die Briten Bunkeranlagen auf Helgoland mit einer Wucht sprengten, die fast halb so stark war wie die der Hiroshima-Bombe.

Der Pinneberg ist über einen kurzen Trampelpfad vom Klippenrandweg aus zu erreichen. Belohnt wird der »schweißtreibende« Aufstieg mit einem fantastischen Blick über Helgoland, das Meer und die vorgelagerte Badedüne. Am Gipfelkreuz kann man sich, so wie es sich gehört, im Gipfelbuch verewigen. Auch in Bayern staunt man über das alpine Symbol mitten im Meer. Anders als die Alpengipfel kann man den Pinneberg getrost in Wattwanderkluft besteigen oder auch in Badelatschen.

Sollten Sie zwischen Mitte und Ende Juni auf der Insel sein, können Sie noch dazu ein einmaliges Naturschauspiel erleben: den Sprung der Trottellummen von den Klippen (Lummenfelsen) im Oberland. Die noch flugunfähigen Küken stürzen sich, gelockt von den Rufen der Eltern, aus dem Brutfelsen bis zu 50 Meter in die Tiefe – und überstehen den Aufprall unbeschadet. Der Verein Jordsand zeigt Interessierten die besten Plätze, um das Ereignis zu bestaunen.

RSH -TIPP

Als Hummerpate zur Arterhaltung beitragen. Die einjährigen Patenschaften (25 €) vergibt die Biologische Anstalt Helgoland des Alfred-Wegener-Instituts. Als Pate dürfen Sie bei der Auswilderung ihres Jungtiers dabei sein, bekommen eine Urkunde und einen Gutschein für eine Führung durch die Züchtungshalle.

3 Die Rosenstadt Uetersen besuchen

Die Königin der Blumen hat ihren Palast in einer kleinen Stadt nahe der Elbe. Uetersen gilt als Wiege der Holsteiner Rosenzucht, und das dürfen alle miterleben. Ein sommerlicher Ausflug in das Rosarium kann ein reines Fest der Sinne sein oder eine informative Reise in die Welt der edlen Pflanze. Beim Rosenfest im Juli stehen die Blüten in voller Pracht.

Um sich Rosenstadt nennen zu dürfen, gehört schon einiges dazu: Die Rose muss als »prägender Ortsbestandteil« vorhanden sein und gepflegt werden. Was im Amtsdeutsch reichlich nüchtern klingt, bringt erblühende, duftende Städte hervor, von denen es in Deutschland nur wenige gibt. Der Titel wird vom Verein Deutscher Rosenfreunde vergeben, und Uetersen erhielt ihn im Jahr 1992. Es war der Lohn für unermüdliches Pflanzen und Veredeln, bis der größte Rosengarten Norddeutschlands entstanden war: Auf sieben Hektar Fläche offenbart sich eine schier grenzenlose Rosenvielfalt, mehr als 900 verschiedene Sorten sind es, in allen erdenklichen Farbtönen und Duftnuancen.

Das Rosarium liegt am Mühlenteich gleich neben dem Rathaus und ist als Rosenpark kostenlos zugänglich. Sein blütenreiches Herz ist die Hochzeitsinsel, auf der man seit 2012 auch heiraten kann. Schilder in den Beeten informieren jeweils über Klasse, Sorte, Züchter und das Jahr der Entstehung. Noch mehr können Sie im Rosenlehrgarten erfahren, der das Rosarium seit 2008 bereichert, etwa wie aus einer Wildrose eine Gartenrose wird und was sich hinter dem Begriff Okulation verbirgt. Eine »Kleine Rosenkunde« richtet sich an Rosenfreunde und alle, die es werden wollen. Während der Rosensaison gibt es sonntags Rosenführungen mit (bei schönem Wetter) anschließendem Platzkonzert im Pavillon. Jährlicher Höhepunkt ist das Uetersener Rosenfest Anfang Juli mit Sommerflohmarkt, verkaufsoffenem Rosensonntag, einer Flaniermeile und Schaufahrten des Schiffsmodellbauclubs, auf dem Mühlenteich.

Selbstverständlich hat Uetersen auch eine Rosenkönigin. Und an eine verdiente Persönlichkeit der Stadt wird jährlich die Rosennadel vergeben. Dies ist nach eigenen Angaben auch das bundesweit größte Rosenzuchtgebiet. Rund 20 Millionen Rosenpflanzen werden hier jährlich gezogen und bis in alle Welt exportiert, darunter die eigenen Stadtrosen Augusta Luise und Uetersener Klosterrose.

Informationen Offizielle Rosensaison von Sommeranfang bis Ende August · Uetersener Rosenfest · www.rosarium-uetersen.de/Rosenstadt.htm · kostenlose Rosenführungen (ca. 1 Stunde) jeden Sonntag (Juni bis August) 10.30 Uhr · Treffpunkt ist der Hoteleingang im Rosarium

Anfahrt Über die A 23 bis Ausfahrt Tornesch/-Uetersen Richtung Uetersen, ca. 1,5 km nach dem Ortsschild Uetersen an der Schwimmhalle links, dann Richtung Rathaus/Rosarium in die Wassermühlenstraße einbiegen. Während der Rosenfestveranstaltungstage ist diese für den Durchgangsverkehr gesperrt.

4 Im Wasserturm Elmshorn eine Kerze ziehen

Beide sind schlank, schön anzusehen und solide Handwerkskunst: Das Kulturdenkmal selbst und das, was in seinem Inneren hergestellt wird. Der historische Wasserturm beherbergt eine Kerzenmanufaktur. Gäste können das Bauwerk besichtigen oder eine Kerze ziehen. Am besten verbindet man beides und kehrt anschließend im turmeigenen Bistro ein.

Gäbe es einen Wettbewerb der hübschesten Wassertürme, Elmshorn wäre auf einem Spitzenplatz. Feinster Rotklinker mit Ringen aus glasiertem Ziermauerwerk in Höhe der Rundbogenfenster, ein Relief unter dem mit Eisenfachwerk gestalteten Wassertank – kaum zu glauben, dass das Bauwerk aus Backstein im Jahr 1902 nur errichtet wurde, um die Wasserversorgung für knapp die Hälfte der Elmshorner Haushalte zu sichern.

Zehn Jahre lang war das eingetragene Kulturdenkmal außer Betrieb, bis es 2003 in Privatbesitz überging. Für Ilse und Ludwig Klein war es genau der richtige Ort, um ihrem Kunstgewerbe nachzugehen und es auch Interessierten näherzubringen. Nachdem die beiden über die Familienbildungsstätte der Stadt Elmshorn Kurse im Kerzenziehen gegeben hatten, hatten sie sich bereits Anfang 2000 dazu entschlossen, dies in eigener Regie fortzuführen. Auch konnte der Wasserturm selbst nun der Öffentlichkeit zugänglich gemacht werden. In den unteren Bereich zogen Ilses Kerzenhaus und ein Bistro ein. Der obere Bereich blieb als Denkmal erhalten und kann zu den Turmführungszeiten besichtigt werden, Ansprechpartner hierfür ist Ludwig. Im Kerzenhaus ist »Kerzenziehen für jedermann« möglich, außerdem werden Sonderkerzen und Motivkerzen nach Kundenwunsch gefertigt – und es gibt Zubehör rund um die Kerze zu kaufen. Kinder können hier auch Geburtstag feiern, und für Abwechslung sorgen Ausstellungen und Sonderaktionen wie eine »Halloween Gruselturmführung«.

Informationen Wasserturm Elmshorn · Jahnstraße · 25335 Elmshorn · Kerzenhaus im Wasserturm (Ilse Klein) · Tel. 04121/261941, Mobil 0177/3932814 · ilse.klein@wasserturm-elmshorn.de · Wasserturm (Ludwig Klein) · Tel. 0171/2442514 · ludwig.klein@wasserturm-elmshorn.de · www.wasserturm-elmshorn.de

Anfahrt A 23 bis Elmshorn

5 Den Kollmaraner Deichtörn radeln

Keine Steigung, dafür ganz viel Weitblick über die Elbe und ihre saftigen Marschen: Die Umgebung von Glückstadt ist herrlich zum Radfahren. Besonders schön ist diese Rundroute, auf 20 Kilometern führt sie entlang der Deiche und durch die Kollmaraner Marsch. Noch dazu erfährt man unterwegs einiges zum Thema Sturmfluten und Küstenschutz.

Der Deichtörn beginnt am Kollmaraner Hafen, hübsch zu erreichen über eine »Stöpe«, also eine Durchfahrt im Deich. Dann geht es zunächst immer am Wasser entlang, begleitet von den großen Pötten, die hier so nah sind, dass man fast an Bord gehen könnte. Historische und neue Deichlinien säumen große Teile der Route, ausgestattet mit Schautafeln, die über Hintergründe informieren. Nach knapp fünf Kilometern ist Bielenberg erreicht, wo ein herrlicher Sandstrand zu einer ersten Rast einlädt. Hier geht es nun über den Deich landeinwärts, vorbei an zwei kleinen Teichen – sogenannte Braken, die entstanden, als bei der verheerenden Markusflut anno 1756 die Deiche brachen. Die Route führt dann durch das Landschaftschutzgebiet der Kollmaraner Marsch zurück nach Kollmar, wo man sich gut noch eine Weile aufhalten kann. Viele der reetgedeckten Häuser zeugen davon, dass Landwirtschaft und Fischfang das Dorf über Jahrhunderte prägten. Es gibt auch hier einen schönen Elbstrand (mit Kinderspielplatz); rund um den Hafen laden Kioske und Restaurants mit Sommerterrasse zur Einkehr ein. Eine Infotafel am Parkplatz erzählt von Natur- und Kulturdenkmälern.

Rund um Glückstadt locken noch drei weitere schöne Radtouren: Auf dem »Weidentörn« geht es entlang der Wasserwege und alten Deiche. Der »Gemüsetörn« führt durch die Blomesche Wildnis und die Engelbrechtsche Wildnis, bekannt für Gemüseanbau, und der »Obsttörn« durch eine Obstbauregion bis zum Krückau-Sperrwerk mit Hofläden an der Strecke. Und wer noch viel weiter fahren möchte: Glückstadt liegt am Elbe- und am Nordseeküsten-Radweg.

RSH -TIPP

Im nahen Kronsnest können Sie mit der kleinsten Fähre Deutschlands über die Krückau übersetzen – auch Fahrräder passen hinein. Zur Uferstation gehören auch die urige Fahrradraststätte »Sööte Eck« und das Heimatmuseum »Stöpenkieker«. Während der Saison sonntags und an Feiertagen, 14 bis 18 Uhr (www.faehre-kronsnest.de).

Informationen Tourist-Information Glückstadt · Große Nübelstraße 31 · 25348 Glückstadt · Tel. 0 41 24/93 75 85 · www.glueckstadt-tourismus.de

Anfahrt A 23 bis Ausfahrt 14 Elmshorn, dann Richtung Elmshorn/Glückstadt, über die B 231 geht es direkt nach Kollmar. www.glueckstadt-tourismus.de/glueckstadt/radfahren/deichtoern.html

6 In Glückstadt einen Matjes verspeisen

Er duftet nach Meer, schmeckt mild-salzig und zergeht auf der Zunge: Was wäre Schleswig-Holstein nur ohne den Matjes? Ganz besonders mundet die Heringsspezialität in Glückstadt, denn hier wird sie noch nach alter Tradition hergestellt. Also nichts wie hin! Am besten zu den Glücksstädter Matjeswochen …

Keinesfalls sollte dabei in Vergessenheit geraten, dass wir dieses Gaumenvergnügen den Holländern zu verdanken haben. Dort wurde der Matjes schließlich erfunden, und das schon im Mittelalter. Im Jahr 1395 war der Fischer Jan Pieter Beukelzoon auf die Idee gekommen, fangfrischen Hering in Salzlake reifen zu lassen. Auf diese Weise ließ er sich in Fässern über lange Strecken transportieren. Matjes leitet sich von dem holländischen Wort *Meisjes* für Mädchen ab. Jungfräulich ist dieser Hering indes keineswegs, auch wenn der Name es vermuten lässt. Vielmehr hat sich ein echter Matjes mindestens schon einmal in seinem Leben fortgepflanzt. Er trägt nur zum Fangzeitpunkt noch keinen Ansatz von Milch und Rogen.

Auch in Glückstadt hat die Heringsloggerei eine lange Tradition (ab 1893). Noch heute wird der Matjes hier in zwei Betrieben in reiner Handarbeit hergestellt. Das feiert man bereits seit 1968: Jeweils am zweiten Donnerstag im Juni werden die »Glückstädter Matjeswochen« eingeläutet mit der traditionellen Matjesprobe und einer viertägigen Eröffnungsveranstaltung. Der historische Marktplatz füllt sich mit Menschen, die gespannt darauf warten, dass das schwere Holzfass geöffnet wird und der erste Matjes der Saison zum Anbeißen bereit ist. Anschließend steigt die Matjesparty mit Livemusik, Open-Ship-Meile, Flohmarkt und Kinderprogramm. Den original Glückstädter Matjes können Sie auch außerhalb der Stadtgrenzen bekommen. Er ist längst eine Delikatesse und auch erhältlich in Varianten wie »in Rotwein mariniert«. Es gibt sogar einen Winter-Matjes, der in Kräutern oder Gewürzen wie Sandelholz, Zimt und Pfeffer reifte.

RSH -TIPP

Bei den Glückstädter Matjeswochen sollten Sie sich die Hafenquerung und die Plattschaufel-Weltmeisterschaft nicht entgehen lassen. Ziel dabei ist, trockenen Fußes über aneinandergereihte Schlauchboote durch den Binnenhafen zu gelangen – beziehungsweise auf Flößen und Schaufeln schnellstmöglich zum Ziel zu paddeln (Teilnahme möglich!)

Informationen Den Glückstädter Matjes gibt es bei: Plotz Spezialitäten GmbH · Schmiedestr. 3 · 25348 Glückstadt · Tel. 0 41 24/93 27 87 · www.sh-feinkost.de und Raumann Matjes GmbH · Schmiedestraße 2a · 25348 Glückstadt · Tel. 0 41 24/6 03 87 31 · www.matjesgenuss.de

Anfahrt Über die A 23 aus Richtung Hamburg oder Heide/Husum, Abfahrt Hohenfelde oder Elmshorn und weiter der Beschilderung folgen. Während der Matjeswochen ist die Innenstadt für Pkws gesperrt, Gratis-Parkplätze befinden sich am Ortsrand, zentrumsnahe Parkplätze sind gebührenpflichtig.

7 An Deutschlands tiefstem Punkt ankommen

Schleswig-Holstein kann nicht nur platt, sondern auch tief: Der geografische Rekordhalter liegt mehr als dreieinhalb Meter unter dem Meeresspiegel an einem liebevoll arrangierten Rastplatz in Neuendorf-Sachsenbande bei Glückstadt. Damit hat die Wilstermarsch neben Wacken noch einen prominenten Ort.

Exakt sind es 3,54 Meter unter Normalnull. An einem kleinen Rastplatz ehrt man »die Tiefste Landesstelle« gebührend mit einem fotogenen Holzschild, neben dem die Bundes- und die Landesflagge wehen. Außerdem sind einige »Sehenswürdigkeiten« zum Thema hier versammelt: An einem Höhenmast ist abzulesen, wo im Verhältnis betrachtet der Meeresspiegel liegt und wie hoch die Pegel verschiedener Sturmfluten waren. Ein anderes Objekt zeigt, zu welch praktischen Dingen sich eine Tieflage noch nutzen lässt: Bei dem »Artesischen Brunnen« tritt das Wasser selbstständig zutage, also ohne Pumpen oder Schöpfen, weil er unterhalb des Grundwasserspiegels liegt. Benannt ist das Prinzip des Brunnens nach der Landschaft Artesien (frz.: Artois) in Nordfrankreich, in der 1126 erstmals solch eine Anlage geschaffen wurde. Großen Anklang fand bereits das Gästebuch in der Schutzhütte des Rastplatzes: Es füllte sich schon mehrmals mit insgesamt rund 2000 Einträgen. Darunter sinnige Worte wie »Ach, was sind wir tief gesunken« von einer Radfahrer-Gruppe aus Salzgitter.

RSH -TIPP

Weil der kleine Rastplatz schnell besichtigt ist, könnten Sie den Ausflug mit einer Kanutour durch die Wilstermarsch verbinden (auf der Wilsterau oder der Burgerau). Die Verleihstation »Wilsterau-Kanu« liegt nur ca. 1 km entfernt (www.wilsterau-kanu.de).

Informationen

www.tiefstelandstelle.de · Im nahen Landgasthaus Zum Dückerstieg gibt es frische, regionale Küche · Dückerstieg 7 · 25554 Neuendorf-Sachsenbande · Tel. 0 48 23/9 29 29 · www.dueckerstieg.de

Anfahrt

Der Rastplatz liegt an der Landstraße Burg–Wilster bei Neuendorf (Landstraße 135 bei Kilometer 6,4)

Tiefste Landstelle
der
B. R. Deutschland
NN

8 Bei der »Wattolümpiade« in Brunsbüttel starten

Wegen dieser Bilder kamen schon Fernsehteams aus Australien oder Thailand: Hunderte von »Wattleten« messen sich bei »olümpischen« Sportarten in der Schlick-Arena der Nordsee – und sehen anschließend auch so aus. Wer mitsuhlen möchte, benötigt etwas Glück bei der Anmeldung. Doch das Zuschauen ist auch schon ein Vergnügen!

Schon der Name lässt erahnen: Die Olümpiade am Elbdeich in Brunsbüttel ist etwas anders als eine Olympiade mit Ypsilon. Zwar treten die Mannschaften hier auch bei klassischen Sportarten wie Handball, Fußball und »Wolliball« gegeneinander an – nur ist das auf der schlickigsten Fläche der Republik noch mal »watt« ganz anderes. Außerdem wird als traditionelle Küstendisziplin das Schlickschlittenrennen ausgetragen und möglichst ein neuer Rekord im »Schlick-Engeln« aufgestellt. Und die Nordsee hat natürlich auch ein Wörtchen mitzureden. So stehen die Spielfelder beim Einlauf der Wattleten meist noch unter Wasser, und sobald die Ebbe einsetzt, können die Wettkämpfe beginnen. Sie laufen, bis die Flut die »Wattkampf-Arena« wieder überschwemmt und das Turnier auf ganz natürliche Weise beendet. Pokale gibt es auch für die lustigste Mannschaft, den lustigsten Mannschaftsnamen, den besten Fanclub und das beste Outfit. Zum Rahmenprogramm gehört das Musikfestival »Wattstock« jeweils am Vorabend der Wattolümpiade.

Im Jahr 2014 gab es das große Matschfest zum zehnten Mal, mit rund 400 Sportlern und mehr als 4000 Besuchern. Die Einnahmen kommen der Schleswig-Holsteinischen Krebsgesellschaft zugute. Wenn Sie dabei sein möchten, gilt es fix zu sein und Silvester nicht zu heftig zu feiern. Denn traditionell werden die Startplätze für das jeweilige Jahr um Punkt 12 Uhr mittags am Neujahrstag vergeben und sind im Handumdrehen ausgebucht: Es dauerte 2014 nur 55 Sekunden.

Informationen Wattolümpiade · www.wattoluempia.de · Das Wattstock Festival am Vorabend findet auf der Festwiese am Freizeitbad LUV statt · www.freizeitbad-brunsbuettel.de

Anfahrt A 23 und B 5 bis Marner Chaussee in Brunsbüttel folgen, dann weiter bis zum Elbdeich

In Marne ganz närrisch sein

9

Wir befinden uns in der karnevalsfreien Zone. Ganz Schleswig-Holstein ist von Nicht-Verkleideten besetzt ... Ganz Schleswig-Holstein? Nein! Ein von unbeugsamen Narren bevölkertes Städtchen hört nicht auf, dem tierischen Ernst Widerstand zu leisten ... Gemeint ist Marne, die Karnevalshochburg im Norden.

Auch wenn manche Menschen im Süden es kaum glauben können: Wer aus Norddeutschland kommt und die tollen Tage feiern möchte, braucht keineswegs bis nach Köln zu fahren. Auch braucht sich hier dann niemand in Verkleidung außerirdisch zu fühlen – vorausgesetzt, man kommt nach Marne. Denn, was die Rheinländer so treiben, können die Dithmarschener mindestens genauso gut. Das beweist das Städtchen an der Elbmündung schon seit den 1950er-Jahren. Es gibt nur einen kleinen Unterschied: Hier lautet der Narrenruf nicht »Helau« oder »Allaaf«, sondern »Marn hol fast!«

Am Rosenmontag herrscht in Marne genauso Ausnahmezustand wie in den Karnevalshochburgen am Rhein. Tausende von Narren aus dem ganzen Land tanzen ausgelassen auf den Straßen, und »Karmelle« fliegen hier natürlich auch. Insgesamt kommen bis zu 20 000 Besucher jährlich. Der bunte Umzug durch die Innenstadt ist der einzige im ganzen Land. Mit mehr als 50 Wagen und reichlich Fußvolk zählt er außerdem zu den größten Karnevalsumzügen im Norden.

Traditionell gehört auch in Marne zunächst die Erstürmung des Rathauses dazu, anschließend setzen sich die aufwendig geschmückten Wagen in Bewegung. Übrigens, fast hätte der tierische Ernst das tapfere Städtchen doch erobert: Von 1969 bis 1977 fiel der Karneval aus. Das ließ sich der Rosenmontagsausschuss nicht gefallen. Er formierte sich neu, und seither leistet Marne wieder jedes Jahr fröhlich Widerstand.

Informationen Die Marner Karnevals Gesellschaft: www.marnholfast.de
Auf der Homepage kann man sich auch zum Rosenmontagsumzug anmelden und Wurfmaterial bestellen.

Anfahrt A 23 und B 5 bis Marne, aus Richtung Norden kommend über Heide, aus Richtung Süden über Itzehoe.

10 Die Robben von Friedrichskoog süß finden

Kaum etwas eint die Gemüter so wie der Anblick einer Robbe. Es kann kommen wer will, die knopfäugigen Moppelchen findet jeder einfach zum Knuddeln. Wer sie besser verstehen möchte, sollte sich über ihre Biologie, Gefährdungen und Schutzmaßnahmen im Lebensraum Wattenmeer informieren. Das alles geht in der Seehundstation Friedrichskoog.

Der Anblick und die herzerweichenden Laute eines »Heulers« am Strand verleiteten schon häufiger Strand- oder Wattwanderer zu gutgemeinter Hilfe, die den Tieren aber nicht wirklich nützt – ganz im Gegenteil. Darum sollte man den Fund einer verlassenen Jungrobbe einfach nur melden, Abstand halten und alles Weitere den Seehundexperten überlassen. Auch in der Seehundauffangstation Friedrichskoog sind die Heuler von Besuchern abgeschirmt, um später wieder möglichst problemlos ausgewildert werden zu können. Die Dauergäste der Station aber kann man besuchen. In dem Seewasserbecken tummeln sich Seehunde und Kegelrobben, die aus verschiedenen Gründen nicht ausgewildert werden konnten oder in Gefangenschaft geboren wurden. Ein 17 Meter hoher Turm erlaubt den Blick über die gesamte Station und noch bis weit über das Wattenmeer.

Die 1985 gegründete Seehundstation Friedrichskoog e.V. ist die einzig autorisierte Aufnahmestelle für verlassen oder erkrankt aufgefundene Robben in Schleswig-Holstein. Als gemeinnütziger Verein finanziert sie sich komplett aus Eintritts- und Spendengeldern. Besucher können sich das ganze Jahr über Seehunde, Kegelrobben und andere heimische Meeressäuger informieren. Ein weiterer Bereich widmet sich den »Robben der Welt«. Es ist eine Erlebnisausstellung, die auch zum Mitmachen gedacht ist. So können Sie sich dort auch einmal die Rufe der Heuler anhören oder an einem Computer selbst Seehunde zählen.

Informationen Seehundstation Friedrichskoog e. V. · März–Okt. tgl. 9–18 Uhr, Nov. bis Feb. tgl. 10–16 Uhr, Fütterungszeiten März–Okt. tgl. 10.30, 14, 17.30 Uhr, Nov.–Feb. tgl. 10.30, 14 Uhr · An der Seeschleuse 4 · 25718 Friedrichskoog · Tel. 0 48 54/13 72 · www.seehundstation-friedrichskoog.de

Anfahrt A 23 bis Itzehoe, dort auf die B 5 bis Friedrichskoog

befreien Fischer aus misslicher Lage«
»Neueste
Seenotkreuzer der DGzRS in Büsum auf den Nam
THEODOR STORM getauft«
»Dank der Seenotrett
sind wir mit dem Leben davon gekomme
»Seenotretter befreien
Krabbenkutter (in
nächtlichem Einsatz
aus misslicher Lag
DGZRS

Mit der Sturmflutrettungs-bahn fahren

11

Unerschrocken und erfinderisch stemmen sich die Friesen und Dithmarscher ihr immer wieder entgegen: Der Kampf gegen die tobende Nordsee prägt die Geschichte der Küstenbewohner. »Blanker Hans«, wird sie auch wegen ihrer weißen Gischt genannt. Wie sich eine Jahrhundertflut wirklich anfühlt, erfährt man in der »Büsumer Sturmflutenwelt«.

Der Raum der Gaststätte Dorfschänke Zum Deichgrafen erinnert an Uromas Wohnzimmer. Auf dem Schwarz-Weiß-Fernseher laufen die Nachrichten, und die verheißen nichts Gutes. Plötzlich wird die Stimme des Sprechers lauter: »… Aufgrund der Sturmflut in der Nordsee und der Gefahr von Deichbrüchen werden alle Bürger an der Küste aufgefordert, die von der Regierung bereitgestellten Rettungskapseln aufzusuchen …«. Das Licht im Raum flackert, es wird dunkel und wieder hell, dann: totaler Stromausfall. Die Menschen eilen zum rettenden Gefährt, und es beginnt eine Reise durch Zeit und Raum. Über und unter Wasser geht es nun durch eine Jahrhundert-Sturmflut wie die von 1362, 1825, 1962 und 1976. Als die Bahn anhält, atmen alle auf. Es ist nur eine Simulation – aber so ähnlich hat es sich damals tatsächlich abgespielt.

In der Büsumer Sturmflutenwelt lernt man den »Blanken Hans« so richtig kennen. Dazu tragen Multimediasimulationen und Spezialeffekte bei. Die Sturmflutrettungsbahn nimmt einen mit durch eine fiktive Sturmflut, und nach der erfolgreichen Rettung geht es durch die interaktive Ausstellung zu Wetter, Gezeiten, Küstenschutz, Deichbau und Geschichte der Sturmfluten. Der Bereich zum UNESCO-Weltnaturerbe Wattenmeer wurde um Themen wie »Müll im Meer« und Ölförderung erweitert. In einem Wohnzimmer aus den 1960er-Jahren können Besucher sich ausruhen und Zeitzeugen lauschen, die von der damaligen Nacht erzählen.

Informationen Sturmflutenwelt »Blanker Hans« · 30.01.–20.03. tgl. 10–17 Uhr, ab 21.03. tgl. 10–18 Uhr · Die Sturmflutrettungsbahn fährt noch bis einschl. Okt. 2015, dann wird Platz für andere Attraktionen geschaffen. · Dr.-Martin-Bahr-Straße 7 · 25761 Büsum · Tel. 04834/909135 · www.blanker-hans.de

Anfahrt A 23 bis Heide-West, dort auf die B 203 bis Büsum

12 Das Kohlosseum in Dithmarschen besichtigen

Einfach kolossal, die Idee, und wo sonst hätte man sie schöner verwirklichen können als in der »Kohlregion« Dithmarschen? Im historischen Gebäude der ehemaligen Wesselburener Sauerkrautfabrik verführt ein Informationszentrum mit Bauernmarkt dazu, das raffinierte Gemüse einmal richtig zu entdecken. Auch die Dithmarscher Kohltage sollte man nicht verpassen.

Schon der Name hat einen Preis verdient und auch das Innere des »Kohlosseums« ist so vielseitig und liebevoll gestaltet, dass manch einem erst jetzt bewusst wird: Hier geht es um ein oft verkanntes Gemüse. Das Museum informiert über die geschichtlichen Hintergründe des Kohls, seine Anpflanzung und Verarbeitung. Dabei wird auch speziell auf die Herstellung von Sauerkraut eingegangen. Auf dem hauseigenen Bauernmarkt gibt es eine große Auswahl an Kohlprodukten, darunter auch Sauerkrautschnaps oder Pflegeprodukte auf Kohlbasis. Außerdem sind schöne Mitbringsel aus der Region zu finden sowie weitere Genuss- und Gesundheitsprodukte. Regelmäßig findet in den Hallen der ehemaligen Sauerkrautfabrik auch ein Antik- und Flohmarkt statt (Termine siehe Homepage). Deutschlands »Kohlkammer« Dithmarschen liefert jährlich rund 80 Millionen Kohlköpfe. Klar, dass das gefeiert werden muss – bei den Dithmarscher Kohltagen jährlich im Herbst ist Spaß, Kultur und Genuss angesagt. Dazu gehören das Meldorfer Kohlvergnügen, »Rund um Kohl« in Heide und weitere Veranstaltungen.

RSH -TIPP

In der Krautwerkstatt können Sie erleben, wie ein Bio-Natursauerkraut in Handarbeit hergestellt wird. Mit Krautmeister Hubert Nickels, langjähriger Mitarbeiter der Wesselburener Sauerkrautfabrik und Seele des Kohlosseums. Und eine Kostprobe gibt es natürlich auch!

Informationen Kohlosseum · Di–Do 14–17 Uhr · Erw. 2 €, Kinder haben freien Eintritt · Bahnhofstraße 22a · 25764 Wesselburen · Tel. 04833/45890 · www.kohlosseum.de, www.dithmarscher-kohltage.de · Bauernmarkt jeweils zu den Öffnungszeiten · Vorführung in der Krautwerkstatt: Di–Do 14 Uhr oder nach Vereinbarung

Anfahrt A 23 bis Heide-West, dort auf die B 203, am Kreisverkehr kurz vor Büsum rechts in Richtung Wesselburen abbiegen und der Landstraße noch ca. 4 km bis Süderdeich folgen.

KOHLOSSEUM
Dithmarschen erleben...
Sauerkrautsaft
-naturtrüb-
aus Dithmarscher Bio-Kohl
Sept. 2016

Bei einer Windparkführung dabei sein

13

Man kennt sie vom Vorbeifahren, die weißen Windanlagen, deren Räder sich mal bedächtig, oft schneller und nur selten gar nicht drehen. Meist sind sie in vollem Gange, und Dithmarschen erzeugt kräftig erneuerbare Energie. Wie genau hierbei Strom entsteht und eingespeist wird, ist bei einer Führung in Süderdeich bei Wesselburen zu erleben.

Plattes Land, eine beständige Brise und oft kachelt es auch ordentlich: Der Landkreis Dithmarschen sieht aus, als sei er eigens für das Einrichten von Windparks erschaffen worden. Und tatsächlich stammt ein beachtlicher Teil an alternativen Energien aus dieser Gegend. Die Ferienregion Wesselburen treibt es voran für eine unbelastete und saubere Umwelt. Wind gibt es hier schließlich im Überfluss, und auch die Sonne steuert reichlich Energie bei. So entstand der Onshore-Windpark in der Gemeinde Süderdeich. Dazu gehören sieben Anlagen, jede 99 Meter hoch, die zusammen rund 35 Millionen Kilowattstunden pro Jahr erwirtschaften – genügend Strom, um 10 000 Haushalte zu versorgen.

Wenn Sie mehr über eine Windkraftanlage erfahren und einmal in den Turm mit der großen Schaltzentrale schauen möchten, gibt es hier eine tolle Gelegenheit: Der regionale Tourismusverein bietet regelmäßig kostenlose Führungen durch den Windpark an. Feriengäste und auch Einheimische sind herzlich willkommen. Unter dem Motto »aus Wind und Sonne entsteht Wat(t)« können alle Interessierten mehr über die technischen und ökologischen Zusammenhänge der Windkrafträder und der zugehörigen Fotovoltaikanlage erfahren. Dabei wird auch erklärt, wie ein moderner Windpark funktioniert, und man erfährt, was er für die Arbeitsplatzsituation in der Region bedeutet. Und natürlich darf man auch Fragen stellen. Termine und weitere Infos gibt es beim Tourismusverein Wesselburen und Umland e. V.

Informationen Tourismusverein Wesselburen und Umland e. V. · Am Markt 5 · 25764 Wesselburen · Tel. 0 48 33/41 01, Buchungen über 04 81/2 12 25 55 · www.nordseebucht.de, www.wesselburen-ferien.de

Anfahrt A 23 bis Heide-West, dort auf die B 203, am Kreisverkehr kurz vor Büsum rechts in Richtung Wesselburen abbiegen und der Landstraße noch ca. 4 km bis Süderdeich folgen.

14 Am Eidersperrwerk eine Rast einlegen

Unwissende Urlauber, die möglichst schnell nach St. Peter-Ording möchten, schimpfen im ersten Moment darüber: Da klappt doch glatt ein Stück der Straße hoch und versperrt für scheinbar unbestimmte Zeit die Weiterfahrt. Dabei ist es doch super: Nun muss man einfach aussteigen und den Ausblick genießen! Dazu gibt es ein leckeres Krabbenbrötchen.

Wissende Reisende freuen sich dagegen schon darauf, nach der Fahrt über das Land hier endlich das Meer begrüßen zu können. Die hinter dem Deich versteckte Nordsee nämlich breitet sich in ganzer Schönheit vor dem Eidersperrwerk aus, einem der größten Küstenschutzbauten Europas. Spannend ist also auch der Blick über die Eider und das Schleusengeschehen: Wollen Schiffe durch, muss die Straße aus dem Weg, und das klappt wortwörtlich bestens. Bei roter Ampel kann man grummelnd im Wagen sitzen bleiben – oder auf dem Parkplatz halten und sich die Zeit schöner vertreiben. Nebenbei: Auch bei Grün lohnt sich der Stopp. Hier betreibt Familie Rohr schon seit 1974 einen Aussichtspavillon mit Shop und Fischimbiss. Letzterer ist einschlägig bekannt für seine knackfrischen Krabbenbrötchen und andere Köstlichkeiten von der Küste. Das 1967 errichtete Eidersperrwerk reguliert den Wasserstand zwischen Binnenhafen und Nordsee, und spannende Einblicke gibt es bei Führungen mit dem Tourismusverein Wesselburen.

RSH -TIPP

Die Schleusung durch das Eidersperrwerk, an dem fünf riesige Tore den Gezeitenstand regulieren, selbst hautnah miterleben: Das geht bei einer Eiderfahrt, die obendrein zu den Seehunden führt.
Infos unter www.adler-schiffe.de

Informationen Aussichtspavillon am Eidersperrwerk · Parkplatz Südseite · 25764 Wesselburenerkoog · Tel. 0 48 33/25 87 · www.rohr-eidersperrwerk.de · Führungen über das Eidersperrwerk bietet der Tourismusverein Wesselburen an · www.nordseebucht.de, www.wsv.de/wsa-toe/bauwerke/eider_sperrwerk

Anfahrt A 23 bis Heide-West, dort auf die B 203, am Kreisverkehr kurz vor Büsum rechts in Richtung Wesselburen/St. Peter-Ording abbiegen und der Landstraße bis zum Eidersperrwerk folgen. Oder: über die A 23 und B 5 bis Ausfahrt B 202, dieser in Richtung Tönning folgen, von dort sind es noch ca. 10 km bis zum Eidersperrwerk.

Den längsten Adventskalender der Welt bewundern 15

Er stand 1997 sogar im Guinnessbuch der Rekorde. Seine Türen gehören zum historischen Packhaus im Hafen, das in der Vorweihnachtszeit in märchenhaftem Glanz erstrahlt. Hinter jeder einzelnen versteckt sich eine neue Überraschung, oft ist es etwas zum Mitmachen. Man nennt es auch das »Tönninger Weihnachtsereignis«.

Das mächtige Backsteingebäude mit seinen Flügeltüren, erbaut 1783 und Zeuge des Warenumschlags aus Zeiten des Eiderkanals, ist an sich schon imposant anzusehen. In der Adventszeit leuchten nach und nach die Zahlen von 1 bis 24 golden hinter den Fenstern und Lagertüren auf und weitere weihnachtliche Lichter, die sich im Wasser des historischen Hafens spiegeln. Hat es dazu noch geschneit, ist das schönste Wintermärchen Wirklichkeit geworden.

Hinter den symbolisch geöffneten Türen verbergen sich Überraschungen für die ganze Familie – statt Schokolade sind es Aktivitäten zum Mitmachen oder Genießen wie zum Beispiel Basteln, Bernsteinschleifen, Kinderschminken, eine Lesung, ein Streichelzoo oder Weihnachtslieder singen. Denn im Packhaus lädt der große Weihnachtsmarkt zum Besuch ein mit rund 100 Ständen, ganz viel Kunsthandwerk, Rahmenprogramm und Veranstaltungen auf einer Bühne. An jedem Adventswochenende darf man gespannt darauf sein, welche neuen Überraschungen die »Türchen« wohl bereithalten. Und es ist einfach ein himmlischer Anblick!

RSH -TIPP

Den Tönninger Hafen mit seinen markanten Bauwerken zu besuchen, lohnt sich zu jeder Jahreszeit. Eine Ausstellung im denkmalgeschützten Packhaus zeigt die Geschichte der Stadt am ehemaligen Eiderkanal im Wandel der Zeiten (www.toenninger-stadtgeschichte.de).

Informationen Weihnachtsmarkt im historischen Packhaus am Hafen · an den Adventswochenenden jeweils 11–18 Uhr · Am Eiderdeich 18 · 25832 Tönning · Tel. 04861/6750 · www.toenning.de, www.weihnachtsereignis.de

Anfahrt A 23 und B 5 bis Ausfahrt B 202, dieser bis Tönning folgen

16 Krabben streicheln im Multimar Wattforum

Wie weit kann eine Herzmuschel springen und warum ist der Hummer manchmal blau? Die Antworten darauf und noch mehr gibt es in der Wattenmeer-Ausstellung des Nationalpark-Zentrums – unter anderem auch eine Brandung zum Selbermachen, Smalltalk mit einem Fische fütternden Taucher und ein Streichelbecken mit Meerestieren.

Das Multimar Wattforum in Tönning heißt auch »Informationszentrum für den Nationalpark Wattenmeer« in Schleswig-Holstein, doch dies klingt viel trockener als es ist. Die Erlebnisausstellung zu Watt, Walen und dem Weltnaturerbe lädt auch zum Erforschen, Anfassen und Ausprobieren ein. In 37 großen Aquarien sind die Tiere des Wattenmeeres versammelt, insgesamt mehr als 280 Arten von Fischen, Krebsen und Muscheln. Schollen lugen aus dem Sandboden, Katzenhaie stöbern nach Nahrung, und Seepferdchen tanzen zwischen den Algen. Im Großaquarium drehen Störe und Nagelrochen ihre Runden. Zweimal pro Woche steigt ein Taucher in das riesige Becken, plaudert über ein Mikrofon mit den Besuchern, erklärt das Verhalten der Tiere und beantwortet Fragen.

Im Brandungsbecken können Besucher selbst Wellen erzeugen – und nicht nur Kindern gefällt es, durch den Brandungstunnel zu kriechen, während die Wellen über dem Kopf zusammenschlagen. Außerdem erfahren Sie im Multimar Wattforum alles über das Weltnaturerbe und den Nationalpark Wattenmeer, das Zuhause vielfältiger Lebewesen von winzigen Einzellern bis zu den großen, dicken Kegelrobben. Die Ausstellung zeigt unter anderem, welche Bedeutung Miesmuscheln für die Klarheit des Wassers haben, wie Bäumchenröhrenwürmer filigrane Kunstwerke mit Sandkörnern bauen, wie Seepocken Nahrung fangen und wie Schwertmuscheln sich eingraben.

Im Bereich »Giganten der Meere« können Sie sich über die im Nationalpark heimischen Schweinswale informieren und einem Pottwal mal so richtig auf den Zahn fühlen: Das echte Walskelett stammt von einem fast 18 Meter langen und 45 Tonnen schweren Bullen, der vor einigen Jahren im Wattenmeer gestrandet ist. Auf der einen Seite des Kopfes sind noch Spuren zu sehen, die wahrscheinlich vom Kampf mit einem Riesenkraken stammen. Die Besonderheiten der Bartenwale zeigt außerdem (neu seit 2013) das Skelett eines in Nordfriesland gestrandeten Zwergwals.

Informationen Nationalpark-Zentrum Multimar Wattforum · April–Okt. tgl. 9–18 Uhr, Nov. bis März tgl. 10–17 Uhr · Erw. 9 €, Kinder 6 €, Familien 25 € · Dithmarscher Straße 6a · 25832 Tönning · Tel. 0 48 61/9 62 00 · www.multimar-wattforum.de · Mahlzeit mit Taucher: Mo und Fr (Nov.–März Mo und Do) 14 Uhr · Nachtführungen: ca. 1 bis 1,5 Stunden, Beginn: 19 Uhr

Anfahrt A 23 und B 5 bis Ausfahrt B 202, dieser dann bis Tönning folgen

Informationen Krokusblütenfest · rund um das Schloss vor Husum · www.husum-tourismus.de/husumer-krokusbluete · Schloss vor Husum · März bis Okt. tgl. außer Mo 11–17.00 Uhr, Nov.–Feb. Sa/So 11–17 Uhr · Erw. 5 €, Führungen nach Vereinbarung · König-Friedrich V.-Allee · 25813 Husum · www.museumsverbund-nordfriesland.de/schloss-vor-husum

Anfahrt A 23 und B 5, ab Schleswig Bundesstraße B 201, jeweils direkt bis Husum

Zum Krokusblütenfest nach Husum kommen

17

Wenn ihre zartvioletten Blüten den Weg durch die Wintererde geschafft haben, schlagen alle Herzen höher: Der Frühling ist da, und ganz besonders feiert man ihn in Husum. Und falls Sie an diesem besonderen Wochenende im März nicht dabei sein können – die Krokusse blühen länger und ein Besuch der Theodor-Storm-Stadt lohnt sich auch sonst!

Die Bäume im Schlosspark sind noch ganz kahl und grau, doch der Winter hat hier nun keine Chance mehr: Unter ihnen ist der geballte Frühling aufmarschiert, mehr als vier Millionen Krokusse haben ihre Blütenbecher entfaltet wie eine friedvolle Armee der Natur. Ein leuchtender Teppich in Violett mit weißen Tupfen macht Husum zu einem ganz besonderen Ort, denn in diesem Ausmaß blühen die wild wachsenden Krokusse nur hier.

Am besten kommt man im März nach Husum, wenn das Naturschauspiel beim alljährlichen Krokusblütenfest seinen Höhepunkt erreicht und die Krokusblütenkönigin gekrönt wird. Der Festakt steigt beim Alten Rathaus am Marktplatz, eröffnet durch den Bürgermeister höchstpersönlich, begleitet von Musik und mit vielen Gästen. Anschließend können Sie an beiden Tagen über den Kunsthandwerkermarkt im Schlosshof schlendern und es sich auf der kulinarischen Meile gut gehen lassen. Auf einem Blumen- und Pflanzenmarkt werden vorgezogene Krokusse für einen guten Zweck verkauft, es gibt Stadtführungen mit der neuen Krokusblütenkönigin, die auch eine Krokusblütentorte anschneidet. Zum Programm gehören noch weitere Highlights wie ein Nachtwächterrundgang durch das nächtliche Blütenmeer, ein verkaufsoffener Sonntag und ein Abschlusskonzert.

In den Wochen der Krokusblüte ist die Stadt außerdem ein Ort, an dem jeder sein Fest des Frühlings feiern kann, denn schon der Anblick des Blütenmeeres ist eine Freude. Das ganze Jahr über sehenswert ist auch das Renaissance-Schloss, das Herzog Adolf I. von Schleswig-Holstein-Gottorf ab 1577 erbauen ließ. Sie können auch dem Kulturpfad der Stadt Husum folgen. Er führt unter anderem zum Theodor-Storm-Zentrum im ehemaligen Wohnhaus des berühmten Dichters. Theodor Storm wurde 1817 in Husum geboren und widmete der Stadt ein wunderschönes Gedicht (»Die Stadt«). Hier vollendete er auch seine bekannteste Erzählung: den »Schimmelreiter«.

18 Eine Grachtenfahrt in Friedrichstadt unternehmen

Man nennt es auch Klein Amsterdam oder die Holländerstadt: Denn auch Friedrichstadt ist von Grachten durchzogen und von Treppengiebeln geprägt, und es hat tatsächlich eine niederländische Geschichte. Eine Bootsfahrt durch die Siele und Burggräben – so heißen die Wasserläufe hier – ist ein besonderes Erlebnis.

Wo Eider und Treene zusammenfließen, liegt Friedrichstadt und dass es so holländisch aussieht, ist kein Zufall. Vielmehr waren es niederländische Glaubensflüchtlinge, sogenannte »Remonstranten«, die das Städtchen ab 1621 anlegten, mitsamt einer ersten Kirche und einem noch heute existierenden Friedhof. So wollte es der Gründer der Stadt, Herzog Friedrich III. zu Schleswig-Gottorf, der den Verfolgten hier Religionsfreiheit gewährte – zumal die Holländer als findige Kaufleute galten und noch dazu für ihr Talent im Deichbau bekannt waren. Es soll sein Plan gewesen sein, hier einen großen Handelshafen erblühen zu lassen, der es mit Hamburg aufnehmen konnte. Daraus wurde zwar nichts, denn die beiden Flüsse erwiesen sich als kaum schiffbar, dafür blieb Friedrichstadt ein gemütliches und idyllisches Städtchen mit heute rund 2500 Einwohnern. Die gut erhaltene Altstadt hat ihr altholländisches Gesicht bewahrt mit verzierten Treppengiebeln, die sich leicht zur Straße neigen, kopfsteingepflasterten Gassen und von viel Grün umgebenen Grachten. Genau wie in der holländischen Schwesterstadt können Sie dies alles bei einer Fahrt mit Grachtenschiffen vom Wasser aus erleben – einer auch an schönen Fotomotiven reichen Tour, die an kleinen Brücken und bunten Gärten vorbeiführt und noch anderen sehenswerten Orten.

Noch heute ist Friedrichstadt die einzige remonstrantische Gemeinde in Deutschland mit rund 200 Mitgliedern und eigener Kirche, während die meisten Remonstranten in den Niederlanden leben. Der Begriff kommt übrigens aus dem Lateinischen *remonstrare* und bedeutet so viel wie »zurückweisen«.

R.SH -TIPP

Besonders schön ist es beim Lampionfest in Friedrichstadt. Highlight ist der Lampion-Bootskorso mit anschließendem Feuerwerk über der Treene (jährlich drei Tage im Juli). Und besuchen Sie doch auch mal den Modellbahn-Zauber: Ein Ehepaar verwirklichte einen Kindheitstraum und machte ihn öffentlich zugänglich (www.modellbahn-zauber.de).

Informationen www.friedrichstadt.de · Friedrichstädter Grachtenfahrt · Am Deich · 25840 Friedrichstadt · Erw. 8,50 €, Kinder (bis 14 Jahre) 3 € · www.grachtenfahrt.de

Anfahrt Von der A 23 und der B 5 die B 202 in Witzwort nehmen, dieser folgen bis Friedrichstadt

Informationen Am Ordinger Strand · 25826 St. Peter-Ording · www.st.peter-ording-nordsee.de, www.kitesurfworldcup.de · Buggyfahrschule (Kurse und Verleih) · Tel. 0 48 63/36 65 (ab18 Uhr), Mobil 01 70/3 83 27 48 · info@buggyfahrschule.de · Drachenfestival · www.drachenfestival-on-tour.de/

Anfahrt A 23 bis Oeverwisch/B 203 in Norderwöhrden folgen, auf der A 23 die Ausfahrt 2 Heide-West nehmen, dann der B 203 folgen, über die Hauptstraße, L 305, Eiderdammstraße und Wittendüner Allee bis Am Bahnhof in Sankt Peter-Ording

In »St. Peter« einen Drachen steigen lassen

19

Das Meer, irgendwo da hinten. Kolonien von Strandmuscheln in allen Farben, dazwischen Häuser auf Stelzen und der Himmel hängt voller Drachen … Da sind wir uns ja wohl einig: Kein Ort sonst auf dieser Welt ist wie St. Peter-Ording. Besonders schön ist es beim Drachenfestival und beim alljährlichen Kite-World-Cup.

Fahren wir Sonntag nach SPO, sagen so manche lässig. Bei Familien heißt es eher liebevoll »unser Sankt Peter«. Vielleicht nennen Sie es auch ganz anders, doch eins steht fest: Einen Lenkdrachen einzupacken und Richtung Halbinsel Eiderstedt zu brausen, ist immer eine gute Idee. Denn auf den Wind kann man sich so ziemlich verlassen, und es gibt reichlich Platz für alle. Was hier alles am Himmel weht, hat mit einem Drachen zwar oft kaum etwas gemeinsam, doch das macht es gerade so besonders: Figuren in allen Größen und Varianten schweben da, riesige bunte Seesterne und Kraken mit flatternden Schwänzen, geometrische Gebilde, Satellitengleiches und vieles andere mehr.

Am Nordstrand von Sankt Peter-Ording steigen das ganze Jahr über viele Drachen, und jeden Sommer veranstaltet der Badeort gleich ein ganzes Festival, zu dem viele Drachenflieger aus ganz Deutschland und anderen Ländern anreisen. Bei Shows werden die bunten Kunstwerke präsentiert, und auch Sie können den Himmel mit Ihrem eigenen schmücken. Bands sorgen für musikalische Begleitung und eine Schlemmermeile für weitere gute Laune. Ein Höhepunkt ist die Nachtflugshow, bei der beleuchtete und selbst strahlende Drachen mit verschiedenen Effekten in die Lüfte steigen. Zum Kinderprogramm gehören Drachenbasteln, Schminken, Jonglieren und ein Bungeetrampolin. Auch über dem Wasser sind in St. Peter meist zahlreiche bunte Schirme zu sehen. Dies gipfelt im alljährlichen Kitesurf World Cup. Jeweils für zehn Tage im August. Neben spannenden Wettbewerben gibt es auch hier viel Unterhaltung, Spaß und Action.

RSH -TIPP

Den bunten Schirm einmal ganz anders erleben: Beim Kitebuggyfahren in St. Peter-Ording können Sie sich von der Kraft des Windes über den Strand ziehen lassen – auch im Rahmen eines Schnupperkurses bei der Buggyfahrschule. Für die Flitzer gibt es einen eigenen Strandbereich.

20 Den Leuchtturm von Westerhever fotografieren

Auf einem Bild gesehen hat es wohl jeder schon einmal, das Schmuckstück Nordfrieslands. Noch viel schöner aber ist es, den Leuchtturm Westerheversand zu besuchen und selbst zu fotografieren. Dann können Sie obendrein noch eine weitere Sehenswürdigkeit entdecken, die den Turm mit dem Deich verbindet: den historischen Stockenstieg.

Man sieht ihn auf Fotos mit strahlend blauem Himmel, wilden Wolkenformationen oder mit einem Regenbogen. Mit Schäfchen im Vordergrund oder einem Brautpaar und auch mal bei Dämmerung mit aufblitzendem Leuchtfeuer. Und auf einer Briefmarke war er selbstverständlich auch schon abgebildet. Ja, sogar ein niedersächsischer Bierproduzent fand in den heimischen Gefilden weit und breit kein Motiv, das mit diesem hätte konkurrieren können. Für einen Werbespot in den 1990ern verlegte man die Heimat des Bieres kurzerhand von Ost- nach Nordfriesland. Das Leuchtfeuer von Westerheversand dürfte also einer der meistfotografierten Leuchttürme überhaupt sein, und das ist kein Wunder: Nicht nur der Turm selbst ist schließlich ein Prachtstück als rot-weiß geringelter Klassiker, er steht noch dazu zwischen zwei schmucken Zwillingswärterhäuschen auf seiner Warft. Eine kleine grüne Leuchtturminsel mitten in den Salzwiesen, die bei »Land unter« aus der weiten Nordsee ragt. Schon seit mehr als 100 Jahren ist der Turm nun schon im Dienst. Er wurde 1906 errichtet, zwei Jahre später in Betrieb genommen und läuft seit 1979 automatisch. In die Wärterhäuschen zog die Schutzstation Wattenmeer ein. Viele übersehen, dass es hier noch etwas ganz Besonderes gibt: Den Stockenstieg (von Stock = Brücke und Stieg = kleiner Weg), einen historischen Klinkerweg mit drei Holzbrücken, der den Leuchtturm mit dem Deich verbindet, 1,2 Kilometer lang und 45 Zentimeter breit. Er ist von Juni bis September begehbar und die wohl schönste Möglichkeit, nach Westerheversand zu gelangen: Sich dem Leuchtturm nähern wie damals die Wärter.

RSH -TIPP

Die Schutzstation Wattenmeer bietet jährlich verschiedene Natur-Erlebnis-Seminare an, darunter auch mehrtägige Foto-Workshops (schnell ausgebucht!) – mit Übernachtung im historischen Wärterhaus direkt am Leuchtturm Westerhever (www.schutzstation-wattenmeer.de/unsere-stationen/westerhever).

Informationen **Turmführungen:** Ostersonntag–Ende Okt. Mo, Mi, Sa 10–16 Uhr jeweils zur vollen Stunde · Erw. 4 €, Kinder (ab 8 Jahren) 2 €, Anmeldung erforderlich · Tel. 0 48 65/12 06 · www.westerhever-nordsee.de

Anfahrt A 23 und B 5 bis B 202 in Tönning folgen, auf der B 5 Ausfahrt auf die B 202 nehmen und dieser folgen, dann auf der Süderheverkoog-Chaussee bis Ahndelweg in Westerhever

21 Auf Nordstrand einen Pharisäer trinken

Nach einem Winterspaziergang am Strand gibt es kaum etwas Schöneres als das durchwärmende friesische Nationalgetränk. Dass nach dem Originalrezept gefälligst ordentlich »Schuss« hineingehört, wurde sogar vor dem Amtsgericht entschieden, und zwar dort, wo man sich nun wirklich damit auskennt – in der Rumstadt Flensburg.

Auf Nordstrand können Sie das Heißgetränk direkt am Wattenmeer genießen, und mit der Zubereitung kennt man sich hier aus: Hier kam sogar, das gilt als ziemlich sicher, der erste Pharisäer in die Tasse. Im Jahr 1873 soll es sich zugetragen haben: Zur Taufe des siebten Kindes von Bauer Peter Johannsen waren zahlreiche Gäste in der Gemeinde Elisabeth-Sophien-Koog erschienen. Im Beisein von Pastor Gustav Bleyer aber traute sich niemand zum Alkohol zu greifen, und doch lockte der bereitstehende Rum. Also wies der Hausherr an, das Hochprozentige in die Kaffeetassen zu geben und alles unter einer dicken Sahnehaube zu verstecken. Dem Pastor aber reichte man den Kaffee natürlich weiterhin pur … bis er versehentlich auch eine Tasse mit Rum in die Hände bekam. Er schmeckte die geheime Beigabe sofort heraus. »Nun weiß ich aber Bescheid, oh, Ihr Pharisäer!«, soll er laut gerufen haben. Und ahnte wohl kaum, dass er dem Heißgetränk damit auch gleich den unverwechselbaren Namen gegeben hatte, der Jahrzehnte später auf den Karten echter nordfriesischer Lokale stehen würde. Die unterschiedlichsten Geschichten indes hört man über die »Tote Tante«, die statt mit Kaffee mit heißer Schokolade zubereitet wird. So erzählt man sich auf Föhr, dass einst eine »Tote Tante« in Kakao-Kisten von Amerika in die Heimat verschifft wurde. In einen echten Pharisäer jedenfalls gehört auch heute noch so viel Rum, dass man es herausschmeckt. Das hat das Amtsgericht Flensburg bereits am 9. Oktober 1981 in einem Urteil geklärt (Az. 63 C 84/81). Ein Kneipengast hatte sich geweigert zu zahlen, weil der Wirt schlappe 2 cl Rum für ausreichend hielt – und bekam Recht.

RSH -TIPP

Auf Nordstrand bekommt man das Heißgetränk z. B. heute im Pharisäerhof und im Strandcafé Halligblick, und unter anderem auch leckere Pharisäertorte. Wenn Sie mehr wissen möchten, sollten Sie an einer Führung zu Rum-Spezialitäten zum Beispiel bei Johannsen in Flensburg teilnehmen (www.johannsen-rum.de/fuehrungen).

Informationen Pharisäerhof · ab Mitte März tgl. 7.30–22 Uhr, sonst eingeschränkte Öffnungszeiten · Elisabeth-Sophien-Koog 3 · 25845 Nordstrand · Tel. 04842/353 · www.pharisaeerhof.de · Strandcafé Halligblick · Norderhafen 22 · 25845 Nordstrand · Tel. 04842/8607 · www.zur-nordsee.de

Anfahrt A 23 und B 5 bis Bundesstraße in Südermarsch folgen, dann Nordseestraße, Pohnshalligkoogstraße und Morsumkoogstraße bis Moordeich in Nordstrand

22 Die wahre Größe von Hallig Hooge erkennen

Rund 100 Einwohner und knapp sechs Quadratkilometer Land, die obendrein ab und zu in der Nordsee versinken: Bei »Land unter« verschwindet Hallig Hooge bis auf die bewohnten Warften. Ein Besuch mit trockenen Füßen aber beweist: Hier ist ganz schön viel geboten, und man kann auf Hooge sogar ins Kino gehen.

Wie es wohl ist, in einem Häuschen mitten im Meer zu sitzen? Die Antwort kennen die Bewohner der Warften, jener Erdhügel, auf denen die Häuser von Hooge stehen. Mehrmals jährlich rollt die Nordsee über die Hallig, und da geht nur noch eins: In der guten Stube bleiben, bis rundherum wieder der Boden auftaucht. Hallig Hooge hat zwar einen Sommerdeich, ab einem gewissen Wasserstand jedoch wird auch der überflutet. Im Sommer kommt das selten vor, und dann können Sie auf Hooge einiges unternehmen. Zum Beispiel ins Sturmflutkino auf der Hanswarft gehen und ein »Land unter« auf der Großbildleinwand erleben. Ein maritimes Kleinod ist die Halligkirche (17. Jahrhundert) mit schmucken Details wie der 1743 gefertigten »Hochzeitstür«, deren Motiv an die Walfängerzeit erinnert. Im Altarraum hängt auch das Modell einer dänischen Fregatte, als Dank an den dänischen König Frederik VI., der Hooge beim Wiederaufbau nach der Sturmflut anno 1825 unterstützte. Sehenswert ist auch der Königspesel, eine Friesenstube aus dem 18. Jahrhundert auf der Hanswarft. Nebenan zeigt das Heimat- und Halligmuseum unter anderem Wattfunde versunkener Warften. In der nahen Schutzstation Wattenmeer erlebt man die Beziehungen zwischen Mensch und Natur in der Biosphäre der Halligen und des Nationalparks, eine Ausstellung mit Gezeitenaquarium und Wattwerkstatt. Ein Erlebnis ist natürlich auch das Wattenmeer selbst, und falls Sie schwimmen gehen möchten: Auf Hooge gibt es mit Süßwasserduschen ausgestattete Badestellen.

Informationen www.hooge.de · Sturmflutkino · www.sturmflutkino.de · Heimat- und Halligmuseum · www.halligmuseum.de · Schutzstation Wattenmeer · Hanswarft 2 · Tel. 0 48 49/2 29

Anfahrt Fähre Hooge – Schlütsiel: Fahrplan auf www.hooge.de unter »Schiffsverbindungen«

Informationen Von Föhr nach Amrum · Tourist-Informationen Föhr · Tel. 0 46 81/3 00 · www.foehr.de · von Amrum nach Föhr: Wattführer Andreas Herber · Tel. 0 46 82/21 75 · Reinhard Boyens · Mobil 01 60/93 54 59 00 · Dark Blome, tgl. 19–20 Uhr · Mobil 01 76/94 47 11 23 · www.der-inselläufer.de · Fahrt mit den Wattkarren: www.nordstrand.de

Anfahrt Überfahrt nach Amrum oder Föhr mit der Fähre ab Dagebüll · **nach Nordstrand:** A 23 und B 5 bis Bundesstraße in Südermarsch folgen, dann über die Nordseestraße, Pohnshalligkoogstraße und Morsumkoogstraße bis Nordstrand

Von Föhr nach Amrum laufen

23

… oder von Amrum nach Föhr. Der Spaziergang von Insel zu Insel gilt als die »Perle unter den Wattwanderungen«. Ganz Sportliche laufen bei einem Niedrigwasser hin und beim nächsten wieder zurück. Ein Erlebnis ist auch eine Tour vom Dithmarscher Festland aus oder eine Karrenfahrt zur Hallig Südfall. Im Watt ist es schließlich immer schön!

Das ist doch wirklich nett von der Nordsee: So weit zieht sie sich zurück, dass die rund acht Kilometer Watt zwischen Dunsum auf Föhr und der Nordspitze von Amrum frei liegen. Etwas nasse Füße bekommt man dabei schon: Auf der Tour durchwaten Wanderer seichte Priele und auch einen tieferen, das »Mittelloch« vor Amrum. Zurück geht es mit der Fähre. Angeboten werden außerdem Wanderungen zu den Halligen und zur Kormoran-Insel nördlich von Amrum. Auch wer selbst von der Küste kommt, sollte das Tempo der Nordsee und die Weite des Watts nicht unterschätzen. Daher wird immer wieder darauf hingewiesen: bitte mit Wattführern laufen, die kennen ihr Revier. Einige haben auch Specials wie Winterwattwandern in der Wathose im Programm. Wenn Sie lieber vom Festland aus starten möchten, können Sie sich an die Wattführergemeinschaft Dithmarscher Nordseeküste wenden.

Ein besonderes Erlebnis ist auch die Fahrt mit dem Pferdewattkarren von Nordstrand zur Hallig Südfall. Auf der Hallig gibt es nur eine einzige Warft, in der das Ehepaar Erichsen lebt. Als Nationalparkwarte sorgen sie hier für den Natur- und Vogelschutz. Die seit 1959 unter Naturschutz stehende Hallig darf nur von geführten Gruppen betreten werden.

Schon ein Stück weit barfuß ins Watt zu gehen sorgt für unvergleichbare Momente: Auf dem Meeresboden laufen. Das dunklere Schlickwatt zwischen den Zehen quellen sehen, die Rillen des Sandwatts unter den Fußsohlen spüren. Das UNESCO-Weltnaturerbe Wattenmeer wirklich hautnah erleben und die Bewohner dieses besonderen Lebensraums entdecken – angepasst an ein Dasein zwischen Trockenfallen und Überflutung.

R.SH -TIPP

Auch der Vierbeiner darf mit ins Watt: Die Wattführergemeinschaft Dithmarscher Nordseeküste bietet Hundewattwandern an. Gestartet wird an den Badestellen Nordermeldorf und Friedrichskoogspitze. Zu beachten ist dabei die im Nationalpark geltende Leinenpflicht zum Schutz der Tierwelt (www.watterleben.de/HundeWattlaufen).

24 In einer Sylter Strandsauna schwitzen

Der Aufguss zischt beim Blick auf Meer und Dünengras. Wohlig aufgeheizt läuft man der Nordsee entgegen, durch prickelnden Sand, den Wind auf der Haut. Vor dem Sylter Weststrand geht es in das weltgrößte Kalttauchbecken. Und das ist gleich fünf Mal auf der Insel möglich – von Hörnum bis List.

Das große Schwitzen begann auf Sylt ganz im Süden und vor mehr als vierzig Jahren: Als es das Wort Wellness noch gar nicht gab, stand in den Dünen von Hörnum schon die erste Strandsauna. Und dort steht sie noch heute, wellnessgerecht aufgeppt mit ofenloser Biosauna (Licht und Klang bei 65 Grad). Geblieben ist die urige Blockhütte im finnischen Stil. Nur ein Stück weiter nördlich ist Achim Hille mit seiner rollenden Sauna am »Samoa-Strand« vertreten. Der ehemalige Rettungsschwimmer betreibt die einzige Strandsauna auf Sylt mit römischem Dampfbad. Weil sie direkt am auch mal launischen Meer steht, schuf er ein fahrbares Saunablockhaus. Es lässt sich bei Winterstürmen aus der Gefahrenzone manövrieren. In der Nachbarschaft ist, beim Campingplatz zu Füßen der Düne, außerdem die »Strandsauna Rantum« zu finden: schwitzen bei gut 90 Grad und Aufgüssen mit rein ätherischen Ölen. In Kampen geht es in die Strandsauna »La Grande Plage« direkt hinter dem Roten Kliff – mit finnischer 90-Grad-Sauna, 70-Grad-Sauna mit Aroma und Farblicht und Massageraum mit Meerblick Und in List, auf Sylt ganz oben, schließlich ist das »Listland« zu finden – mit drei finnischen Blockhaussaunen in einem der schönsten Dünentaler. Hier kommen bei Aufgüssen die echten Birkenzweige zum Einsatz. Wenn es Ihre Zeit zulasst, ist auch ein Sauna-Hopping zu empfehlen. Denn die fünf Sylter Saunen haben etwas Unschlagbares gemeinsam: Nach dem Schwitzen geht es direkt in die kühlende Nordsee. Herrlich!

Informationen www.strandsauna-list-auf-sylt.de · www.grande-plage.de · www.strandsauna-sylt.de · www.strandsauna-samoa.de · www.strandsauna-hoernum.de

Anfahrt A 7 bis Flensburg-Harrislee, dann B 199 bis Autozug Sylt in Niebüll oder über die A 23 und B 5 und Husum. Mehr Infos zur Anreise unter www.list-sylt.de

Naturgewalten in List verstehen

25

Was für eine Insel, auf der manche Dünen jährlich zehn Meter weit wandern, die geformt wurde von Stürmen und Jahrhundertfluten. Eine entriss ihr gleich ein ganzes Marschgebiet und ließ davon noch Halligen übrig. Im Erlebniszentrum am Hafen von List können Besucher die Kräfte der Natur begreifen, die Sylt geprägt haben und weiterhin prägen werden.

Über ein großes Luftbild von Sylt, auf dem man herumlaufen oder krabbeln kann, geht es in den ersten Ausstellungsbereich, wo schon die »Kräfte der Nordsee« walten: Hier wird gezeigt, wie die Insel entstanden ist und wie sie sich noch verändern könnte. Dabei können Sie auch den Lister Wanderdünen begegnen – um ihre Beweggründe zu verstehen. Im Sturmraum lässt sich per Knopfdruck Windstärke neun erzeugen, und im Wellenkanal entstehen Wellen und Wogen in unterschiedlichen Stärken. Im Bereich »Klima, Wetter, Meeresforschung« kann jeder das irdische Klimageschehen einmal aus der Perspektive eines Astronauten betrachten. Ein Knopfdruck und schon steigt der Meeresspiegel um fünf Meter und die Küsten sehen ganz anders aus. Welche Überlebensstrategien Tiere und Pflanzen entwickelt haben, um mit Gezeiten, Sturm und Salz zurechtzukommen, erfahren Sie im Bereich »Leben mit Naturgewalten«. Bei der Walsichtung gilt es, die eigenen Reaktionen zu testen, und im Dunkelraum ist das Fluoreszieren der Quallen zu beobachten. Wie schön sie doch eigentlich sind, diese glitschigen Wesen … Sie können sich auch in den Watttunnel zu den Muscheln und Krebsen begeben oder eine Reise mit Tausenden von Zugvögeln unternehmen. Für den Nachwuchs gibt es ein spezielles Kinder- und Jugendprogramm und einen thematisch passenden Spielbereich. Das Erlebniszentrum Naturgewalten Sylt feierte im Februar 2014 seinen fünften Geburtstag. Es bereichert eine Insel, die schon so einiges erlebt hat.

Informationen Erlebniszentrum Naturgewalten Sylt · Jan–Juni tgl. 10–18 Uhr, Juli/August tgl. 10–19 Uhr, Sept.–Dez. tgl. 10–18 Uhr · Hafenstrasse 37, 25992 List/Sylt · Tel. 0 46 51/83 61 90, www.naturgewalten-sylt.de

Anfahrt A 7 bis Flensburg-Harrislee, dann B 199 bis zum Autozug Sylt in Niebüll oder über die A 23 und B 5 und Husum. Mehr Infos zur Anreise auf www.list-sylt.de

26 Die »Schwarze Sonne« bei Niebüll aufgehen sehen

Sie geht auf, wenn am Gotteskoogsee die echte Sonne untergeht: Zehntausende von Staren fliegen ein, um im Schilf die Nacht zu verbringen. Zuvor vollziehen sie einen Tanz aus Licht und Schatten. Sort Sol heißt das Naturereignis auf Dänisch. Es begeistert auch viele Besucher aus dem Nachbarland: Für die Dänen ist es schon beinahe ein Volksfest.

Ganze Scharen reisen im Frühjahr und Herbst über die Landesgrenze, ausgestattet mit Picknickdecken, Wein und *Smørrebrød* kommen sie von Tønder in die deutsche Nachbargemeinde Neukirchen. Wenn Sie das Naturschauspiel auch einmal erleben möchten: Auf geht's zum Gotteskoogsee! Nachdem alle am Beobachtungsplatz eingetroffen sind, legt sich staunende Stille über den größten Koog Nordfrieslands, und es gibt nur noch den Himmel, an dem die Stare ein Ballett tanzen. Tausende von ihnen ziehen heran, formen sich zu großen schwarzen Wolken, die sich wenden und Wellenbewegungen vollziehen. Mal ballt sich der ganze Schwarm zusammen, um einen Greifvogel abzuwehren, dann wieder scheint er ganz unsichtbar zu werden, um plötzlich wieder aufzutauchen. Und dann, mit einem Mal, ist die Flugschau beendet, wenn die Stare sich in Schilf und Wiesen zur Nachtruhe niederlassen. Und wer ganz früh am Morgen da ist, kann die »Schwarze Sonne« zusammen mit der echten Sonne aufgehen sehen.

Das Süßwasserbiotop am Gotteskoogsee wurde 1982 durch eine Renaturierungsmaßnahme geschaffen. Ein verarmtes, stark entwässertes Gebiet verwandelte sich in eine Seenlandschaft mit vielen seltenen Tier- und Pflanzenarten. Heute ist es obendrein ein bedeutendes Vogelschutzgebiet, über dem auch der Seeadler gern mal seine Kreise zieht, und an lauen Frühsommerabenden ist der markante Ruf der Großen Rohrdommel zu hören. Ein Teil des Seegebiets ist durch einen Wanderweg und eine Info-Hütte erschlossen.

Informationen Das Naturkundemuseum Niebüll veranstaltet Führungen durch das Gebiet, besonders im Frühjahr und Herbst, wenn die Stare kommen. Dauer: ca. 2,5 Stunden, Weg: ca. 2,5 km · www.nkm-niebuell.de

Anfahrt A 7 bis Flensburg-Harrislee, dann B 199 bis Niebüll oder über die A 23 und B 5 und Husum. Ab Niebüll 7,5 km über die Avetofter Straße. Der Gotteskoogsee liegt zwischen Niebüll und der deutsch-dänischen Grenze.

27 Das Wohnhaus von Emil Nolde besuchen

In Seebüll nahe der deutsch-dänischen Grenze erinnert eine Stiftung an den berühmten Maler Emil Nolde – mit Ausstellungen in seinem ehemaligen Wohn- und Atelierhaus. Sehenswert ist auch der noch immer erblühende Garten, einst Inspirationsquelle für seine kraftvollen Gemälde und Aquarelle, oft mit Blumen und Landschaften in glühenden Farben.

Emil Nolde war schon viel gereist in seinem Leben, doch der flachen, weiten Landschaft seiner Heimat Nordfriesland, »wo ein Pfahl, in einfacher Fläche stehend, ein Monument wird«, fühlte er sich besonders verbunden. Also ließ er 1927 in Seebüll, auf einer Warft im Marschgelände, ein selbst entworfenes Wohngebäude mit Atelier errichten. Dazu gestaltete er einen prächtigen Blumengarten, der selbst wie ein großes Gemälde wirkt. Einige der Wege bilden die Buchstaben E und A, die Initialen von Nolde und seiner ersten Ehefrau Ada.

Bei einem Besuch der Nolde-Stiftung können Sie die rekonstruierte Blütenpracht erleben – so, wie der Künstler sie als Vorlage für seine berühmten Blumengemälde sah. Sein Gärtner Thomas Börnsen hat einen Bepflanzungsplan hinterlassen, der es ermöglicht, den Garten in Noldes Sinne weiterzupflegen. Zugleich spiegelt das kleine Paradies die verschiedenen Gartenströmungen seiner Zeit wider: Der Pflanzenbestand orientiert sich an den Bauerngärten, ergänzt um Arten, die durch den Aufschwung der Staudenzüchterei zwischen den beiden Weltkriegen auf den Markt kamen. Das genauso eindrucksvoll gestaltete Wohnhaus steht als Künstler-Museum allen Interessierten offen. Die ursprüngliche Atmosphäre wurde bewahrt, so fühlt man sich wie ein Gast im Atelier des Künstlers. Ausgestellt sind rund 170 Werke, viele davon dauerhaft, etwa das neunteilige *Leben Christi* und weitere religiöse Bilder. Außerdem gibt es jährlich wechselnde Ausstellungen zu besonderen Themen. Zur Stiftung gehören auch ein modernes Besucherforum mit Malschule und Ausstellungen zum Leben Emil Noldes und ein Café.

Emil Nolde wurde 1867 als Sohn eines Bauern im Dorf Nolde nahe Tondern (Tønder) geboren. Er prägte die Kunstepoche des Expressionismus im frühen 20. Jahrhundert maßgeblich. Seine Arbeiten werden in vielen Museen weltweit präsentiert.

Informationen Stiftung Seebüll Ada und Emil Nolde · 28. Febr.–30. Nov. Mo–So und an Feiertagen 10–18 Uhr · Erw. 8 €, Kinder bis 12 Jahren Eintritt frei, Familienkarte 15 € · Seebüll 31 · 25927 Neukirchen · Tel. 0 46 64/98 39 30 · www.nolde-stiftung.de · offene Führungen (max. 25 Pers.) jeden Do 11 Uhr, 4 € pro Person zuzügl. Eintritt, keine Anmeldung erforderlich

Anfahrt A 7 bis Flensburg-Harrislee, der Flensburger Str., Grenzstraße und dem Revtoftweg bis Seebüll in Neukirchen folgen

28 Von der Nordsee zur Ostsee radeln

Sie sind sozusagen die Nord-Ostsee-Kanäle der Pedalisten. Drei Touren verbinden beide Meere: Der Grenzroute-Radwanderweg verläuft teils auch durch Dänemark, der Nord-Ostsee-Radweg durchwegs auf hiesigem Boden – und der Wikinger-Friesen-Weg folgt alten Handelspfaden mitten durch das grüne Binnenland.

Die Tour ganz im Norden verbindet außerdem beide Länder: Auf der 130 Kilometer langen Grenzroute geht es vom Nordseedeich bis zur Flensburger Förde, mal auf der einen und mal auf der anderen Seite. An 13 Stellen kreuzt der Weg die deutsch-dänische Grenze. An 40 Informationspunkten wird auf unterhaltsame Weise Grenzgeschichte erzählt. Unter anderem ist Kurioses zu entdecken, und man lernt drei traditionelle Minderheiten sowie fünf Sprachen kennen. Es gibt aber auch die »Expressroute«: Ausschließlich auf deutschem Boden verläuft der Nord-Ostsee-Radweg – und damit entsprechend direkter, mit 66 Kilometern ist er halb so lang. Beide Radfernwege lassen sich außerdem zu einer vielseitigen Rundtour verbinden.

Sie könnten aber auch auf den Spuren der Wikinger und Friesen von Küste zu Küste gelangen: Auf der alten Handelsstraße des Seefahrervolks geht es quer durch Schleswig-Holstein. Dabei entdecken Sie die Kulturlandschaft, die diese Menschen über mehrere Jahrtausende prägte. Von St. Peter-Ording aus folgt die Route bald der Flusslandschaft Eider-Treene-Sorge und schließlich der Schlei, führt durch malerische Dörfer und sehenswerte Städte bis in das Fischerdorf Maasholm an der Ostsee. Informationstafeln entlang des Weges und Audiotracks informieren über Hintergründe. Damit ist dies auch der wohl erste vertonte Radfernweg in Schleswig-Holstein. Die mit einem Wikingerschiff markierte Strecke teilt sich in eine Nordtour (181,50 km) und eine Südtour (189 km) und bietet sich so auch als Rundfahrt an.

Informationen Individuell ausgearbeitete Pauschalangebote für Radwanderungen zwischen Nord- und Ostsee in der Gruppe oder für Alleinreisende: Grenzroute · Gebietsgemeinschaft Grünes Binnenland · Dorfstr. 8 · 24963 Tarp · Tel. 0 46 38/89 84 04 · info@tourismus-nord.de · www.grenzroute.com

29 Den Nordseehafen von Haithabu finden

Er liegt dort, wo man ihn zunächst gar nicht vermuten würde: aus heutiger Sicht mitten im Lande in Hollingstedt. Ein Rundwanderweg führt zu historischen Plätzen, im »Hollinghuus« wurde eine kleine Ausstellung eingerichtet. Der mächtige Wall des Danewerk verbindet den Platz mit dem Wikingermuseum Haithabu in Schleswig.

Die unscheinbare Gemeinde Hollingstedt war seinerzeit Drehscheibe des Seehandels: Auf Plattboden-Schiffen wurden die Waren von den Niederlanden über die Nordsee bis nach Tönning gebracht, damit sie von dort über die Flüsse Eider und Treene bis Hollingstedt transportiert werden konnten – und auf dem Landweg weiter nach Haithabu. Nordische Waren kamen aus der Gegenrichtung bis an den Niederrhein. Das brachten archäologische Ausgrabungen zutage. Im »Hollinghuus« können Sie kostenlos die Ausstellung »Hollingstedt – Nordseehafen von Haithabu und Schleswig am Handelsweg zwischen den Meeren« besuchen.

Auf einem Pfad der Geschichte (4,5 Kilometer) erschließen sich einem wandernd die Natur und die historische Bedeutung des Ortes.

Auch das Danewerk zeugt noch von der Verbindung mit Haithabu: Die gestaffelten Wall- und Sperranlagen von insgesamt 30 Kilometern Länge reichen bis an den Halbkreiswall, der die Wikingersiedlung im späten 10. Jahrhundert umgab. Das Freilichtmuseum ist auch immer einen Besuch wert.

RSH -TIPP

Wer gut zu Fuß ist, kann dem Danewerk ab Haithabu 14 Kilometer weit folgen und so nach Hollingstedt gelangen (oder andersherum). Diese erste Hälfte der Wehranlage ist auch besonders eindrucksvoll. Am besten mit dem Besuch des Wikingermuseums verbinden!

Informationen Hollinghuus · tgl. 8–18 Uhr · Nedderend · 24876 Hollingstedt · Amt Silberstedt · Tel. 04626/960 · www.amt-silberstedt.de, www.schloss-gottorf.de/haithabu, www.danevirkemuseum.de,www.waldemarsmauer.de

Anfahrt Über die A 7 bis Ausfahrt 6 Schleswig/Jagel, dann über Margarethenwall, Morgenstern und Matzenkamp bis Nedderend in Hollingstedt. Über die A 23 bis Ausfahrt 4 Albersdorf, dann über Albersdorferfeld, Süderstraße und Hauptstraße bis Nedderend in Hollingstedt

Über den Nord-Ostsee-Kanal schweben

30

Es ist wahrlich ein bewegendes Erlebnis: In 90 Sekunden befördert die Fähre einen über das Wasser, ohne es zu berühren, während über den Köpfen die Eisenbahnen rauschen. Was viele Auswärtige nicht wissen: Mit langen Rolltreppen geht es hier auch unter dem Kanal hindurch – so können Fußgänger eine Runde drehen.

Sie ist schon mehr als 100 Jahre alt und gilt als eines der wichtigsten Industriedenkmäler Deutschlands. Schon der Anblick der Stahlkonstruktion, fast zweieinhalb Kilometer lang und 42 Meter hoch, ist etwas Besonderes.

Die ab 1911 errichtete Kombination aus Eisenbahnbrücke und Fähre verbindet die Ortschaften Rendsburg und Osterrönfeld. Sie ist ein Geniestreich des Ingenieurs Friedrich Voss. Bis zu sechs Autos und 60 Fußgänger passen auf die Schwebefähre, die im Viertelstundentakt kostenlos über den Kanal pendelt, wobei der Schiffsverkehr für Unterbrechungen sorgen kann. Es ist ein besonderes Vergnügen, sich dann direkt zum nahen Eingang des Fußgängertunnels zu begeben: Mit fast 60 Meter langen Rolltreppen geht es unter den Kanal und am Ende der viereinhalb Meter breiten Röhre wieder hinauf. Ein Hoch- und Tiefbauerlebnis total, sozusagen.

Highlights sind auch die Schiffsbegrüßungsanlage und eine 43 Meter hohe Aussichtsplattform – beim südlichen Brückenpfeiler. Dort hinauf kommen Sie bei Führungen mit der Tourist-Information Nord-Ostsee-Kanal.

RSH -TIPP

Am Rendsburger Ufer des Nord-Ostsee-Kanals (Straße Kanalufer) steht die »längste aktuell aufgebaute Sitzbank der Welt« mit bestem Blick auf das Schifffahrtsgeschehen. Sie wurde im September 2014 mit nun 575,75 Metern neu installiert und hält damit wieder den Rekord.

Informationen Tourist-Information Nord-Ostsee-Kanal & Ticket-Service · Schiffbrücken Galerie · 24768 Rendsburg · Tel. 0 43 31/2 11 20 · www.tinok.de · Führungen auf die Aussichtsplattform Mai– Sept. So 14 Uhr und 15.30 Uhr · Schwebefähre · April–Sept. 5–23 Uhr, Okt.–März 5–22 Uhr · www.wsa-kiel.wsv.de · Schiffsbegrüßungsanlage tgl.10–20 Uhr, im Winter nur am Wochenende · www.brueckenterrassen.de

Anfahrt A 7 bis Ausfahrt Rendsburg/Büdelsdorf, dann auf der B 203 Richtung Büdelsdorf fahren und in Büdelsdorf links den Schildern zur Schwebefähre/Schiffsbegrüßungsanlage folgen.

31 Zur »Norla« nach Rendsburg kommen

Welche Bedeutung die Landwirtschaft für Schleswig-Holstein hat, zeigt sich Jahr für Jahr auf dem Rendsburger Messegelände. Mit Events wie »Technik für starke Typen« oder dem Wettbewerb im Wechseln der Motorsägenkette ist die »Norla« für alle Besucher ein echtes Erlebnis –, mit ihren vielen Tieren gefällt sie auch Familien.

Die Landestierschau im Rahmen der Messe ist ein Ereignis für die Züchter aus Schleswig-Holstein und auch für die Messebesucher. Auf dem Vorführring gibt es ein buntes Showprogramm mit der täglichen Tierparade als Höhepunkt. Bei den Tierwettbewerben werden die Besten der Besten mit dem Titel »Mister Norla« und »Miss Norla« gekürt. ImTierschauzelt kann jeder sich über Unterschiede, Eigenarten und Nutzungsmöglichkeiten der einzelnen Tierarten und Rassen informieren. Von der Milchkuh bis zum Fleischrind, vom Shetlandpony bis zum Schleswiger Kaltblut hat hier eine imposante Vielfalt ihren großen Auftritt. Auch können Sie hier viel über die Binnenfischerei und die Bienenzucht im Land erfahren. Die Arbeitsgemeinschaft Tierzucht lädt dabei auch zum Tierschauquiz ein, bei dem Kinder und Jugendliche zeigen können, was sie schon alles zu Themen wie diesen wissen.

Spannende Entwicklungen sind auch im Bereich Landtechnik zu erleben, wo Traktoren, Mähdrescher und Maishäcksler, Bodenbearbeitungsgeräte, Ladewagen und Anhänger verschiedener Hersteller ausgestellt sind. Auch gibt es hier Antworten auf die Fragen, wie zukunftsfähige landtechnische Trends aussehen und wie sie den zunehmend ganzheitlich ausgerichteten Pflanzenbau beeinflussen. Was wiederum »Kuhkomfort« bedeutet, erfahren Sie im Bereich Stalltechnik.

Zu der Landwirtschafts- und Verbrauchermesse mit ihren rund 500 Ausstellern gehören auch die Bereiche erneuerbare Energien, Biogasanlagen, Windkrafträder, Fotovoltaikanlagen und ein Erlebnisareal.Beim Bauerntreff und Bauernmarkt kommt man über das Leben auf dem Land ins Gespräch. Seit 2014 bereichert außerdem »Die junge Norla« die Messe, bei der Schülerinnen und Schüler sich über die Ausbildungsmöglichkeiten im Grünen Bereich und den damit verbundenen Gewerben sowie über Studienmöglichkeiten im Agrarsektor informieren können.

Informationen Messe Rendsburg · jährlich m Sept. tgl. 9–18 Uhr · Erw. 8 €, Kinder (ab 6 Jahren) € , Familienkarte 18 € · Am Exerzierplatz 1 · 24768 Rendsburg · www.norla-messe.de

Anfahrt Von Norden und Süden über die A 7 Hamburg/Flensburg, von Osten über die A 210 Kiel/Rendsburg, ab dem Autobahnkreuz Rendsburg der Beschilderung folgen. Von Westen über die B 202, ab der Abfahrt Osterrönfeld der Beschilderung folgen

32 Kultur im Kunstwerk Carlshütte genießen

Viele würden es wohl kaum vermuten: Rendsburg-Büdelsdorf ist auch ein Dreh- und Angelpunkt der internationalen Kunstszene. Dies ist der Carlshütte zu verdanken, einem verwandelten Industriedenkmal, das an die Eisengießerzeit der Stadt erinnert. Mit der NordArt ist jährlich eine der größten europäischen Kunstausstellungen zu Gast.

Die ehemalige Eisengießerei der Carlshütte, 1827 gegründet und 1997 stillgelegt, war das erste Industrieunternehmen der Herzogtümer Schleswig und Holstein. Mit ihren imposanten Hallenschiffen, einer restaurierten Wagenremise und einem Skulpturenpark bildet sie ein kontrastreiches Ambiente für Kulturveranstaltungen aller Art: Als »Kunstwerk Carlshütte« hat sie sich zu einem besonderen Ort für Ausstellungen, Konzerte, Lesungen, Theater- und Filmvorführungen entwickelt, in dem verschiedene Spiel- und Präsentationsstätten für bleibende Eindrücke sorgen. Dahinter steht eine gemeinnützige Kulturinitiative der weltweit agierenden ACO Gruppe sowie der Städte Büdelsdorf und Rendsburg.

Vor allem aber ist die Carlshütte Schauplatz einer der größten Ausstellungen zeitgenössischer Kunst in Europa: Zur NordArt kommen in jedem Sommer Zehntausende von Besuchern. Mehr als 200 ausgewählte Künstler aus aller Welt präsentieren dann ihre Bilder, Fotografien, Videos, Skulpturen und Installationen.

Im Jahr 2011 setzte man ein weiteres überregionales Glanzlicht: Die internationale Orchesterakademie des Schleswig-Holstein Musik Festivals zog in das Kunstwerk Carlshütte ein. Zu diesem Zweck wurde die ACO Thormannhalle umgebaut. Diese nutzen die 120 jungen Musiker nun als Proben- und Konzertraum, in dem 950 Zuhörer Platz nehmen können. Und wenn Sie schon einmal Kulturluft schnuppern möchten: Bei einem virtuellen Rundgang auf der Homepage der NordArt können Sie auch vom Gelände des Kunstwerk Carlshütte einen ersten Eindruck bekommen.

RSH -TIPP

Noch mehr Industriegeschichte: Eisengusskunst können Sie im Eisen Kunst Guss Museum, Büdelsdorf bewundern. Nach drei Jahren aufwendiger Sanierung ist die Neueröffnung für 2015 geplant, unter der Regie des Landesmuseums für Kunst und Kulturgeschichte der Stiftung Schleswig-Holsteinische Landesmuseen Schloss Gottorf.

Informationen Kunstwerk Carlshütte · Vorwerksallee · 24782 Büdelsdorf · Tel. 0 43 31/35 46 95 · www.kunstwerk-carlshuette.de, www.nordart.de · Eisen Kunst Guss Museum (Neueröffnung für 2015 geplant) · Glück-Auf-Allee 4 · 24782 Büdelsdorf · Tel. 0 46 21/81 32 22 (Schloss Gottorf) · www.schloss-gottorf.de

Anfahrt A 7 bis Ausfahrt Rendsburg-Büdelsdorf

33 Seltene Haus- und Nutztiere besuchen

Kennen Sie schon das biblische Jakobschaf oder das rot-weiß gestreifte Schwein, das als Flagge »gehisst« wurde? Es sind keine Figuren aus Legenden oder Kinderbüchern, sondern Tiere wie diese leben tatsächlich, und jeder kann sie antreffen. Zu verdanken ist es dem Engagement eines wohl einzigartigen Tierparks.

Es ist ein besonderes wie unterstützungswertes Ausflugsziel: Die Arche Warder ist Europas größter Tierpark für vom Aussterben bedrohte Haus- und Nutztierrassen. Hier begegnen Sie unter anderem dem besagten Jakobsschaf, das bis zu sechs Hörner haben kann. Oder kuriosen Gesellen wie dem »Dänischen Protestschwein«. Es wurde Ende des19. Jahrhunderts tatsächlich als lebende Flagge gezüchtet, weil dänische Bauern unter der neuen preußischen Herrschaft ihren Danebrog nicht mehr hissen durften. Diese und viele weitere Geschichten verbergen sich hinter den rund 1200 Tieren aus 82 Rassen, die auf dem 40 Hektar großen Gelände leben, darunter auch Rinder, Pferde, Esel, Ziegen, weitere Schafe und Schweine sowie Geflügel. Regelmäßig gibt es auf dem Gelände auch größere Events vom Kinderfest über den Tag des Pferdes bis hin zum klassischen Konzert (Termine siehe Veranstaltungskalender auf der Homepage). Besucher können auch in der Arche Warder übernachten und nachts den Rufen der Tiere lauschen: Vermietet werden fünf Hütten für jeweils bis zu fünf Personen.

RSH -TIPP

Falls Sie auch noch exotische Tiere sehen möchten: Im nahen Neumüster sowie in Gettorf (Richtung Eckernförde) gibt es klassische Tierparks – in Gettorf obendrein mit dem »Verrückten Haus«, in dem die Welt Kopf steht. (www.tierparkneumuenster.de, www.tierparkgettorf.de).

Informationen Tierpark Arche Warder · tgl. 10–20 Uhr, Einlass März–Okt. 10–18 Uhr, Nov.–Feb. 10–16 Uhr · Langwedeler Weg 11 · 24646 Warder · Tel. 0 43 29/91 34 26 · www.arche-warder.de

Anfahrt Die Gemeinde Warder ist über die gleichnamige Autobahnabfahrt (A 7 bei Bordesholm) zu erreichen. Der Tierpark liegt etwas abseits und ist ausgeschildert.

Am Mittelpunkt von Schleswig-Holstein sein

34

Genauer geht's nicht: Im unscheinbaren Thienbüttel bei Nortorf sind die Früchte exakter Landesvermessung zu bewundern. Es ist versprochen, hier stehen Sie ganz und gar im Mittelpunkt. Im weitläufigeren Sinn zeichnet sich die Landesmitte durch waldreiche Landschaften aus mit Zielen wie dem Naturpark Aukrug und einem Keltischen Baumkalender.

Der besondere Ort liegt an der Straße zwischen Nortorf und Brammer, rund einen Kilometer hinter dem Nortorfer Ortsschild auf der rechten Straßenseite: Ein großer Mühlstein verrät, dass dies »Die Mitte Schleswig-Holsteins« ist. Daneben stehen zwei Säulen mit den Wappen der Stadt Nortorf und des Landes Schleswig-Holstein und ein Fahnenmast. Auch Sitzbänke wurden aufgestellt. Hier kann man sich nun niederlassen und sich bewusst machen, was es bedeutet, einen solchen geografischen Punkt exakt zu ermitteln: In mehr als 30 000 planerische Dreiecke musste Schleswig-Holstein dafür zerlegt werden, die Auswertung erfolgte per Computertechnik. Das Landesvermessungsamt hat den Mittelpunkt berechnet, heraus kam die Position 54°, 11 Minuten und 7,9353 Sekunden Nördlicher Breite, 9°, 49 Minuten und 19,5452 Sekunden Östlicher Länge – so ist es auf dem Stein zu lesen. Nortorfs Bürgermeister Hans-Helmut Köppe enthüllte ihn feierlich am 18. Mai 2001.

Nur 13 Kilometer weiter südlich beginnt der Naturpark Aukrug, 380 Quadratkilometer abwechslungsreiche Landschaft mit sanften Hügeln, Wäldern und den namensgebenden Auen, die von Quellen, Seen, Teichen und Bachläufen geprägt wurden. Mit Zielen wie der Seebadestelle im Hennstedter Ortsteil Seelust, dem Kräutergarten Altenjahn in Grauel, der alten Keramikstadt Kellinghusen und »Dat ole Hus«, einem privat geführten Heimatmuseum in einer uralten Fachwerkkate. Bei Nortorf sind außerdem der Hochzeitswald und der Keltische Baumkalender von Dieter Rohwer einen Besuch wert.

Informationen Dat Ole Hus · Sa/So 14–18 Uhr, Gruppen nach Vereinbarung · Dat ole Hus 1 · 24613 Aukrug-Bünzen · Tel. 0 48 73/6 03, www.museen-sh.de · Keltischer Baumkalender · www.baum-hirn-rohwer.de

Anfahrt Der Mittelpunkt Schleswig-Hosteins ist ausgeschildert. Er liegt an der Straße zwischen Nortorf und Brammer und kann bequem zu Fuß oder mit dem Fahrrad erreicht werden.

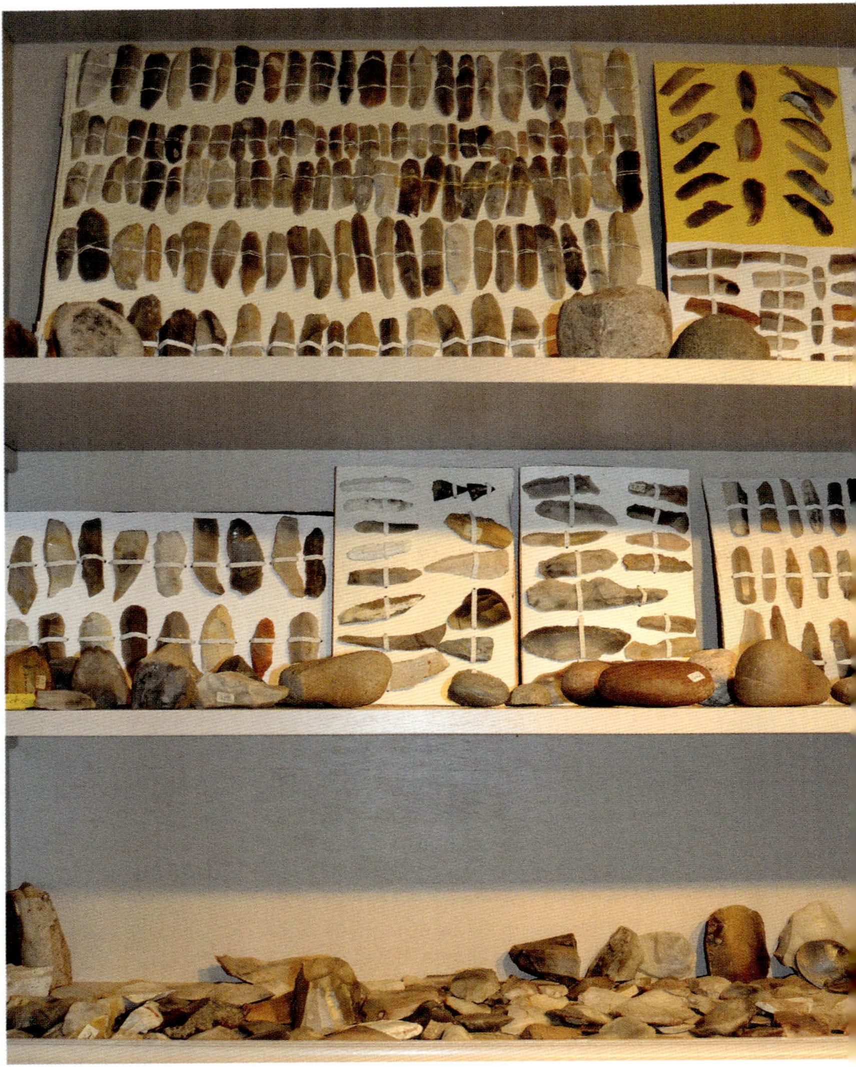

Informationen Max sien Steenstuv · Max und Ute Sievers · Brammerau 2 · 24793 Brammer · Info und Besichtigung auf Anfrage unter Tel. 04392/4712 und Mobil 0152/08345610

Anfahrt A 7 bis Ausfahrt 13 Neumünster-Nord, der Landstraße L 328 bis Dorfstraße in Brammer folgen. Das Museum liegt noch ein Stück weiter auswärts und ist ausgeschildert.

Archäologie in »Max sien Steenstuv« verstehen

35

Die Steinstube von Max versteckt sich auf einem Bauernhof nahe Nortorf. Was nach Wohnzimmer klingt, ist ein privat geführtes archäologisches Museum, das seinen Namen verdient. In zwei Generationen trug die Familie Tausende von Fundstücken aus der Vor- und Frühgeschichte zusammen, unterstützt von den Wissenschaftlern des Landesmuseums.

Der Hof von Max und Ute Sievers zeigt auf den ersten Blick eine Landwirtschaft, wie man sie kennt. Wäre da nicht diese Tür, die in ein Reich der besonderen Fundstücke führt ... Unzählige Schaber, Pfeilspitzen, Bohrer, Spinnwirtel, Beile, Äxte und viele andere Dinge füllen die sorgfältig gestalteten Vitrinen und Regale. Es gibt einen Vorführtisch mit Stücken zum Anfassen und zu jedem einzelnen Stück eine Geschichte, etwa über die Urne mit Knochenresten, die beim Ausbau der nahen Bundesstraße gefunden wurde. Die schönste Geschichte aber ist die, wie alles begann im Jahr 1924: Als der fünfzehnjährige Landwirtssohn Max Beecken auf dem Feld half, entdeckte er etwas: Ein Stein, der ungewöhnlich aussah, hatte sich in seiner Heuharke verklemmt. Bald fand er heraus, dass es sich um ein mehrere Tausend Jahre altes Steinbeil handelte. Die Sammlerleidenschaft packte ihn, und es verging kein Tag, an dem er nicht Ausschau hielt nach weiteren Hinterlassenschaften der Vorfahren, ob beim Rübenhacken oder bei der Kartoffelernte. Auf dem Kotflügel des Treckers liegend erkundete er jede Ackerfurche. Erwachsen geworden, bewirtschaftete er mit seiner Frau Dora den Hof in Brammerau, und seine archäologische Sammlung wuchs. Auch befreundete Bauern und Bekannte brachten ihre Fundstücke. Dora Beecken wusch und sortierte, die sechs Töchter halfen, sogar ein Katalog mit Zeichnungen entstand. Wissenschaftliche Unterstützung kam vom Museum für Vor- und Frühgeschichte im Schloss Gottorf. Max Beeckens Einsatz für die Archäologie würdigte das Landesamt im Jahr 1985 mit der »Goldenen Schaufel«. Dieses Erbe führt heute sein Schwiegersohn, der zufällig den gleichen Vornamen hat, mit seiner Frau Ute Sievers fort. In liebevoller Erinnerung an den Vater richteten sie das Museum ein und wurden auch dabei von vielen Seiten unterstützt: Ein Uhrmacher steuerte Vitrinen bei, ein Künstler gestaltete die Stube mit steinzeitlichen Wandmalereien. Und Max Sievers nimmt sich gern Zeit, Besuchern »sien Steenstuv« zu zeigen.

36 Mit dem Skilift auf den Bungsberg fahren

Zur Holsteinischen Schweiz gehört natürlich auch ein Wintersportgebiet. Sobald ausreichend Flocken gefallen sind, herrscht Hochbetrieb an Deutschlands nördlichstem Skilift. Hunderte von Skifahrern und Snowboardern lassen sich auf den höchsten »Gipfel« des Landes ziehen für eine rasante Abfahrt. Auf der anderen Hangseite heißt es: Rodel gut.

Es ist eine Mordsgaudi, wie man in Bayern sagen würde: Jauchzend und johlend nehmen kleine wie große Skifahrer die Piste. Eine Abfahrt dauert rund 30 Sekunden, nach anderthalb weiteren Minuten ist man mit dem Lift wieder oben. Der Hang ist zum Üben allemal gut oder um einfach etwas Winterspaß zu haben. Und so eine lange Rodelbahn findet man in Schleswig-Holstein wohl nirgendwo sonst. Für »Hüttenzauber« bei heißen Würstchen und Glühwein sorgt ein Imbisswagen am Waldesrand.

Die Idee, den 168 Meter hohen Bungsberg mit einem Schlepplift auszustatten, hatten zwei findige Landwirte schon vor mehr als 40 Jahren. Horst Schnoor und Hans-Heinrich Schröder waren nämlich die Besitzer des Geländes, auf dem sie im Sommer das Heu ernteten. Warum sollte es nicht auch im Winter ertragreich sein? Seitdem werden die Weidezäune im Herbst ab- und der Lift aufgebaut, der anfänglich noch mit einem Trecker betrieben wurde. Jahrzehntelang kümmerten sich die beiden Bauern selbst um alles, der eine sorgte für den reibungslosen Ablauf am Lift, der andere gab Tageskarten und 20er-Tickets im selbst gezimmerten Kassenhäuschen heraus. Im Juni 2014 haben sie sich vom Skibetrieb in den Ruhestand verabschiedet. Familie Schnoor gehört weiterhin der obere Teil des Berges und Familie Schröder der untere. Daher hat inzwischen Horst Schnoors Schwiegertochter Alexandra als Hauptverantwortliche die ehrenvolle Aufgabe übernommen, Schleswig-Holsteins Skigebiet am Laufen zu halten.

Informationen Skilift im Winter (bei ausreichend Schnee) · tgl. ab ca. 9.30–Einbruch der Dunkelheit. · Ferienhof Schnoor · Kirchnücheler Weg 9 · 23744 Mönchneversdorf · Tel. 04528/846 · www.bauernhof-urlaub-ostsee-schnoor.de

Anfahrt Der Bungsberg liegt in der Gemeinde Schönwalde nordöstlich von Plön und Eutin. A 1 bis Ausfahrt 13 Neustadt i.H.-Pelzerhaken, weiter auf der B 501 und L 216 bis zum Kirchnücheler Weg in Schönwalde

109CM
www.sportsstuff.co

37 Auf der Prinzeninsel lustwandeln

Unter ausladenden Bäumen am Wasser entlangspazieren, sich an der Badestelle erfrischen, dann Salzwiesenlamm oder Zander in der royalen Kate speisen … Den Kaiserin-Auguste-Victoria-Pavillon ansehen und Souvenirs im Prinzenshop kaufen: Die Idylle am Plöner See ist eng mit der Geschichte des Hauses Hohenzollern verbunden.

Kein Geringerer als Kaiser Wilhelm II. kaufte das Fleckchen Erde im Jahr 1910. Gemahlin Auguste Victoria verweilte wohl gern in ihrem Pavillon, der auf der Südspitze steht. Noch immer gehört die Halbinsel zum Besitz ihrer Nachfahren der Linie Brandenburg-Preußen. Schmal und waldreich ragt sie in den Großen Plöner See, rund zwei Kilometer lang und stellenweise gerade einmal 30 Meter breit. Am Ende aber entfaltet sie sich noch einmal zu einem weitläufigen Rund mit Koppeln, auf denen Schafe grasen, und einer schmucken Fachwerkkate aus dem 17. Jahrhundert: Das »niedersächsische Bauernhaus« diente den Kaisersöhnen als landwirtschaftliche Lehrstätte, heute beherbergt es das Café-Restaurant »PrinzenInsel« und ist ein beliebtes Ausflugsziel. Unweit davon befindet sich die Badestelle »Prinzenbad« am westlichen Ufer, ein lauschiges kleines Freibad mit feinem Sandstrand. Zum Restaurant gehören außerdem ein Streichelzoo und ein Spielplatz mit Karussell und Rutsche.

Kurz vor der Halbinsel thront das Plöner Schloss über dem See, einst Residenz der Herzöge von Schleswig-Holstein-Plön. Es wurde im 17. Jahrhundert errichtet, diente später auch als Kadettenschule und Internat. Inzwischen ist es als Sitz der Fielmann Akademie Ausbildungsstätte der Augenoptikerbranche. Geführte Rundgänge durch Bereiche wie den prunkvollen »Rittersaal« oder den Gartensaal mit der Gemäldegalerie der Plöner Herzoge sind weiterhin möglich, im Meisterschulbereich bekommt man einen Einblick in die heutige Nutzung des Schlosses.

Informationen Restaurant PrinzenInsel · Große Insel 1 · 24306 Plön · Tel. 04522/508700 · www.prinzeninsel-ploen.de · Fielmann Akademie im Schloss Plön · Tel. 04522/8010 · www.fielmann-akademie.com

Anfahrt Die Prinzeninsel ist für den motorisierten Verkehr gesperrt, aber gut über einen Wanderweg (auch für Fahrräder) zu erreichen. Während der Saison steuern sie auch die Ausflugsboote (z. B. ab Anleger in Plön) an.

Über Seen der Holsteinischen Schweiz schippern

38

Einer ist schöner als der andere: Der Eiszeit verdankt Ostholstein seine zahlreichen, miteinander verbundenen Seen, ein Süßwasserparadies auch für Segler und Paddler. Ganz gemütlich können Sie die einmalige Landschaft bei einer Rundfahrt mit dem Ausflugsboot erleben. Eine Tour führt gleich über fünf Seen. Herrlich ist auch die Kellerseefahrt …

Während in der nahen Kieler und Lübecker Bucht die Ostseewellen an die Strände rollen, ist das Wasser hier meist stiller. Das Boot gleitet durch die an Wald und Hügeln reiche Landschaft, vorbei an Schilfgürteln, kleinen grünen Inseln und versteckten Buchten. Immer wieder geht es auch durch verschlungene Wasserwege, hinter denen sich jeweils ein anderer See weitet. Diese Aussichten eröffnet eine Fahrt über die Seen der Holsteinischen Schweiz. Nordöstlich des Großen Plöner Sees liegen sie, wie an einer Kette miteinander verbunden durch die Kanäle und die Schwentine, einem der längsten Flüsse Schleswig-Holsteins.

Dazu gehören bei Malente der Dieksee und der Kellersee und noch viele weitere kleinere Seen, die sich ringsum verteilen, darunter Naturperlen wie der sagenumwobene Ukleisee: Auf seinem Grund steht einer Legende zufolge eine versunkene Kapelle, in der ein untreuer Ritter mitsamt seiner Hochzeitsgesellschaft ertrank, als sich der See durch ein Unwetter bildete. An stillen Abenden sollen ihre Glocken aus der Tiefe erklingen …

Eine rund zwölf Kilometer lange Tour mit dem Ausflugsboot führt über fünf Seen: den Dieksee, Langensee, Behlersee, Höftsee und Edebergsee. Bei einer anderen fährt man über den schönen Kellersee. Diese Rundfahrt lässt sich auch mit einer Wanderung um den Ukleisee verbinden, wenn Sie sie am Fährhaus Sielbeck-Uklei unterbrechen: Der drei Kilometer lange Wanderweg (circa eine Stunde Gehzeit) verläuft einmal rund um das Gewässer.

Informationen Die Schiffe der Fünf-Seen-Fahrt steuern während der Saison die Anlegestellen Malente-Gremsmühlen, Niederkleveez, Timmdorf und Plön-Fegetasche an. Die Kellerseefahrt startet von den Anlegern Kellersee-Fischerei, Janusallee oder Lindenallee in Bad Malente, Fissauer Fährhaus oder Uklei-Fährhaus. · Fahrpläne und Preise auf www.5-seen-fahrt.de · www.holsteinischeschweiz.de, www.bad-malente.de

39 In Schleswig-Holstein Weinberge entdecken

Reihen von Rebstöcken an steilen Hängen, pralle Trauben, die in der Herbstsonne ihre ganze Süße entfalten – in einigen Regionen scheint das Bundesland vertauscht zu sein. Doch es ist wirklich wahr: Fünf Winzerbetriebe gibt es zwischen Sylt und Ostholstein. Die meisten Anbauflächen gehören zu den südlichen Lagen der Holsteinischen Schweiz.

Es begann mit den Gesprächen zweier Ministerpräsidenten: Im Herbst 2008 erhielt Schleswig-Holstein von Rheinland-Pfalz die Pflanzrechte für insgesamt zehn Hektar zum Anbau von Wein. Um diese Fläche konnten sich potenzielle Winzer nun bewerben. Einige Hektar gingen an Gut Deutsch-Nienhof bei Westensee sowie die Nordseeinseln Föhr und Sylt – hier steht also der nördlichste »Weinberg« der Republik.

Den größten Zuschlag für drei Hektar Anbaufläche bekam der Ingenhof bei Malente mit 35 Grad steilen (und damit besonders frostsicheren) Hängen in Südlage. Das Wein- und Obstgut, das auch Erdbeeren und Himbeeren anbaut, produziert einen fruchtigen trockenen Weißen, gewonnen aus der Rebe Solaris. Im zugehörigen Feldcafé können Sie ein Gläschen Wein oder auch selbst gebackenen Kuchen genießen. Nach Absprache sind auch Weinbergführungen möglich.

Knapp acht Kilometer weiter östlich kultiviert ein weiterer Gewinner des Auswahlverfahrens auf zwei Hektar Anbaufläche weiße und rote Trauben: Geschützt durch einen Wald gedeihen die Reben auf dem Südhang von Hof Altmühlen in Grebin nahe Plön. Winzer Steffen J. Montigny betreibt auch einen Weinberg an der Ahr im Rheinland. Sein halbtrockener Weißwein aus Schleswig-Holstein wurde bereits in den Gault Millau-Weinführer aufgenommen, mit 83 von 100 möglichen Punkten. Für den Wein hätte er auch kaum einen passenderen Namen finden können: »So mookt wi dat«.

Informationen Weingut Ingenhof · Feldcafé während der Obsternte von Juni–Anfang Aug. tgl. 9–19 Uhr · Melanie Engel · Dorfstraße 19 · 23714 Bad Malente-Gremsmühlen · Tel. 0 45 23/23 06 und 20 21 59, Mobil 01 77/7 05 64 37 · www.ingenhof.de · www.ingenhof-sh.de · Weingut S. J. Montigny · Altmühlen 3 · 24329 Grebin · Tel. 06 71/48 31 30 40 · www.weingut-montigny.de · der B 430 bis Altmühlen in Grebin folgen

Weingut
INGENHOF
LANNES

40 Post in der Bräutigamseiche finden

Vergessen Sie Apps fürs Online-Dating: Es funktioniert auch mit dieser Methode aus dem 19. Jahrhundert und ist wesentlich romantischer. So einige Paare sollen sich dank des ehrwürdigen Baumes im Eutiner Forst schon gefunden haben. Und falls Sie schon vergeben sein sollten: Man darf dem Baum auch einfach nur nette Grüße schicken.

Mittags ab 12 Uhr radelt der Postbote in den Dodauer Forst am Ortsausgang von Eutin und füllt einen ungewöhnlichen Briefkasten: Das Astloch einer uralten Eiche mit eigener Postadresse. Abholen und beantworten darf die Briefe jeder, denn das Postgeheimnis ist an diesem besonderen Ort aufgehoben. So begann schon manch eine Freundschaft.

Dabei fing die Geschichte der Bräutigamseiche ganz unglücklich an. Vor mehr als 120 Jahren verliebte sich Minna, die Tochter des Oberforstmeisters, in Wilhelm, den Sohn eines Schokoladenfabrikanten aus Leipzig. Doch die beiden durften zueinander nicht finden, weil der Vater des Fräuleins gegen diese Liaison war. Also schrieben sie sich sehnsuchtsvolle Briefe und deponierten sie im Astloch des großen Baumes. Der Vater ließ sich schließlich doch erweichen und stimmte der Hochzeit zu, die am 2. Juni 1891 unter dem Blätterdach der Eiche gefeiert wurde. Bald sprach sich herum, dass der Baum wohl glückbringende Kräfte besitzt, und so folgten immer mehr Liebende dem Beispiel, indem sie sich romantische Zeilen per Astloch schickten. Im Jahr 1927 wurde eine Leiter an den Baum gestellt und die Post begann, die Briefe offiziell zuzustellen. Und so ist es noch heute. Auch der vorherige Postbote Karl Heinz Martens, der die Eiche 18 Jahre lang bestückte, fand seine Ehefrau dank des Baumes: Die Dame aus Saarbrücken sah den ihr sympathischen Mann in einem Fernsehbericht, wo er erwähnte, dass er frei und ungebunden sei. Sie schrieb der Eiche einen Brief, adressiert an den Postboten persönlich …

Informationen **Die Postadresse lautet:** Bräutigamseiche, Dodauer Forst, 23701 Eutin · Man darf auch Post herausnehmen und beantworten. · Der Postbote kommt Montag bis Samstag zwischen 12 und 15 Uhr. · Tourist-Info Eutin · Markt 19 · 23701 Eutin · Tel. 04521/70970 · www.holsteinischeschweiz.de/eutin

Anfahrt Die Bräutigamseiche befindet sich bei Eutin an der B 76 Richtung Plön.

In Eutin weltberühmten Arien lauschen

41

Die von Schloss und Hofgarten umgebene Freilichtbühne, wie ein Balkon am Großen Eutiner See liegend, bildet eine grandiose Kulisse für Opern, Operetten und andere Inszenierungen. Jährlich strömen Tausende von Besuchern zu den sommerlichen Open-Air-Festspielen. Sehenswert ist auch das Eutiner Schloss selbst mit seiner fürstlichen Parkanlage.

Bei dem romantischen Ambiente entfalten bedeutende Werke der Klassik ihren vollen, stimmgewaltigen Glanz. Die sehnsuchtsvollen Verse der *Carmen* erklangen auf der Seebühne schon genauso wie Mozarts *Zauberflöte,* Guiseppe Verdis *Aida* und andere große Opern. Die Eutiner Festspiele verstehen sich auch als Parkett für kreative Unterhaltung und neue, lebendige Abend-Extras: Zu jeder Spielzeit gibt es weitere Veranstaltungen wie Extra-Konzerte an wechselnden Orten, Gala-Abende oder ein Programm für Kinder.

Die seit 1951 veranstalteten Festspiele erinnern an Carl Maria von Weber, den weltbekannten in Eutin geborenen Komponisten: Sie wurden anlässlich seines 125. Todestages mit der Aufführung seiner Oper *Der Freischütz* ins Leben gerufen, damals noch als Eutiner Sommerfestspiele. Seither gibt es alljährlich im Juli und August bewegende Inszenierungen unter freiem Himmel. In ihren besten Jahren um die Jahrtausendwende kamen mehr als 40 000 Besucher pro Spielzeit. Insgesamt wurden bereits rund 50 verschiedene Werke vom Barock bis zum 20. Jahrhundert aufgeführt, allein der *Freischütz* in 42 Spielzeiten. Mit dem Schlossgarten hatte man einen würdigen Platz für den Kulturgenuss gefunden: Er zählt zu den großen Gartenkunstwerken Norddeutschlands. Die Geschichte des Eutiner Schlosses lässt sich bis ins 12. Jahrhundert zurückverfolgen. Später diente es als Sitz der Fürstbischöfe von Lübeck und der Großherzöge von Oldenburg. Die Besichtigung lohnt sich.

Informationen Neue Eutiner Festspiel GmbH · Am Schlossgarten 7 · 23701 Eutin · Tel. 04521/80010 · www.eutiner-festspiele.de · Eutiner Schloss · Schlossplatz 5 · 23701 Eutin · Tel. 04521/70950 · www.schloss-eutin.de

Anfahrt A 1 bis Ausfahrt 15 Eutin, dann der B 76 folgen, bis zum Schlossgarten

42 Die Natur im Erlebniswald lieben

Klar: Ein Wald ist immer ein Erlebnis, der Trappenkamp bei Neumünster aber weiß dies noch zu toppen: Ein Freizeitgelände mit abenteuerlichen Stationen, Spiel und Spaß unter Bäumen, eine interaktive Ausstellung und der Waldladen laden zum Erkunden ein. Ein schönes Ziel für Familienausflüge, bei denen auch Stubenhocker ihre Meinung gern mal ändern.

In der WaldWasserWelt darf jeder Dämme bauen und Wasser fördern. Auf dem Bodenerlebnispfad geht es unter anderem über den Schüttelturm und zur »Erdfresserfabrik«, hier können sich schon die jüngsten Waldforscher ausprobieren. Auch am Waldteich gibt es vieles zu entdecken, neben Fröschen und Lurchen sogar Wasserskorpione. Im wohl größten Freiluft-Schmetterlingsgarten Norddeutschlands können Besucher auf dem Metamorphosepfad das Wunder der Verwandlung nachvollziehen. Für weitere Aha-Effekte sorgt die interaktive Ausstellung »Faszination Wald« im Waldhaus. Anschließend können Sie noch im Waldladen stöbern, wo auch heimisches Wildbret und Honig angeboten werden. Zum ErlebnisWald gehören noch ein riesiger Spielplatz mit Streichelgehege, ein Hochseilgarten und der 30 Meter hohe Team-Tower mit einer 300 Meter langen Seilrutsche. Aussichtsplattformen bieten weite Blicke über die Geest-Landschaft. Außerdem: Abenteuer mit dem Husky-Team Hüttener Berge, Vorführungen auf der Falknerwiese und Veranstaltungen wie ein Holzfällerlager oder Waldwellness.

RSH -TIPP

Im Sommer sorgt das nahe Waldschwimmbad für Erfrischung: Ein 24-Grad-Schwimmbecken mit Minigolfanlage und noch mehr Spaß. (Saison ab dem 1. Mai). Waldschwimmbad Trappenkamp, Waldstraße 2, Tel. 0 43 23/28 76, www.trappenkamp.de/waldschwimmbad.html

Informationen Erlebniswald · März bis Okt. tgl. 9–18 Uhr, Nov.–Feb. Mo–Fr 9–17 Uhr, Sa/So 11–17 Uhr · Erw. 5 €, Kinder 4 €, Familienkarte 15 € · Tannenhof · 24635 Daldorf · Tel. 0 43 28/17 04 80 · www.forst-sh.de/erlebnis/freizeitgelaende · TeamTower und Hochseilgarten: ropeXcourse · www.ropexcourse.de · Husky-Team Hüttener Berge · www.husky-team.de · Falknerwiese · Flugvorführungen März–Okt. tgl. 11 Uhr und 15 Uhr, Fütterungsrunde16 Uhr

Anfahrt A 1 und A 21 bis Ausfahrt 10 Daldorf, weiter Richtung Hoken

43 In Neumünster am Webstuhl sitzen

Erleben, wie die Fäden auf den Webstuhl kommen und wie ein Muster entsteht: Möglich ist dies bei Workshops im Industriemuseum für Tuch und Technik, wo Sie auch einer Webmeisterin über die Schulter schauen können. Der Besuch der Ausstellungen lohnt sich ohnehin, denn die einstige Tuchmacherstadt Neumünster hat viele Geschichten zu erzählen.

Im 19. Jahrhundert ratterte, klapperte und surrte es unentwegt in den Tuchfabriken. Neumünster hatte sich zum Zentrum der deutschen Tuchindustrie entwickelt. Einige Tuchmacher waren schon etwa 200 Jahre zuvor in die Stadt gekommen. Einen ersten Meilenstein setzte die Eröffnung der »Privilegierten Wollzeugfabrique« auf der Klosterinsel der Schwale anno 1760. Verkehrsgünstig am Wasser und an den neu entstandenen Eisenbahnlinien gelegen, erlebte die Stadt ihre industrielle Blüte: Um 1900 gab es hier rund 20 Tuchfabriken, die mit ihren Schornsteinen das Stadtbild prägten. Dies ist noch heute im Wappen Neumünsters erkennbar. Mehr über diese Geschichte können Sie im Museum Tuch + Technik erfahren.

An den noch betriebsbereiten Webstühlen des Museums zeigt eine Handwebmeisterin, wie dieses Handwerk funktioniert und stellt Gewebe für den Museumsladen her. Regelmäßig werden auch die industriellen Textilmaschinen vorgeführt. Für hautnahe Eindrücke sorgen Medienstationen mit historischen Lehrfilmen und Interviews mit Textilarbeitern und -fabrikanten aus Neumünster. An Webstühlen und bei Laborexperimenten können sich die Besucher selbst als Experten versuchen. So erleben Sie auch in einem Workshop, wie die Fäden auf den Webstuhl kommen und ein Muster entsteht. Manch einer hat dabei gleich ein neues Hobby gefunden, denn die Mitarbeiter vermitteln neben dem Wissen über das alte Handwerk auch neue Trends im Bereich der Textilkunst. Für Kinder und Jugendliche gibt es Ferienkurse.

Informationen Museum Tuch + Technik · Di–Fr 9–17 Uhr, Sa/So 10–17 Uhr · Erw. 6 €, Kinder (ab 6 Jahre) 3 €, Familienkarte 11 € · Kleinflecken 1 · 24534 Neumünster · Tel. 04321/5595810 · www.tuchundtechnik.de

Anfahrt A 7 bis Neumünster-Mitte oder A 7 Ausfahrt 16 Großenaspe nehmen und der Altonaer Str. bis Schleusberg in Neumünster folgen

44 Ein Puppenspiel in Wasbek ansehen

Mit Rotkäppchen oder Rumpelstilzchen können Kinder heute nichts mehr anfangen? – Weit gefehlt! Voller Leidenschaft beweist die Märchenbühne in der Gemeinde bei Neumünster, dass diese Geschichten genauso ihre Magie bewahrt haben wie das Handpuppenspiel. Die liebevoll gestalteten Puppen und Bühnenbilder verzaubern auch Erwachsene.

Dass aus der Aktion in der Adventszeit 1984 eine der größten Handpuppenbühnen Norddeutschlands erwachsen würde, ahnte Johanna Kartelmeyer damals wohl kaum. Die Leiterin der Kindertagesstätte Wittorf stand kurz vor ihrer Pensionierung, als die Eltern zusammen mit den Erziehern auf einer Weihnachtsfeier ein Puppentheater für die Kinder aufführen sollten. Ziel war, den Kleinen einfach eine Freude zu machen und ihnen die schönsten Märchen näherzubringen. Die Begeisterung wuchs, als man ganz bei der Sache war: Alle Akteure hatten einen riesigen Spaß, und schon bald wurde das nächste Spiel geplant. Die Wasbeker Märchenbühne war geboren. Johanna Kartelmeyer übernahm die Leitung und blieb dem Puppentheater noch bis zu ihrem Tod im Jahr 2012 verbunden.

Unter der heutigen Vorsitzenden Irmela Kehr lebt die Märchenbühne weiter, einige der Puppenspielerinnen und Puppenspieler sind seit den Anfangsjahren dabei. Jeweils von November bis März, zur schönsten Märchenzeit also, gibt es regelmäßig Aufführungen im Gemeindezentrum von Wasbek. Kinder und Erwachsne lassen sich von den Figuren verzaubern, erleben die Faszination, die vom Puppenspiel ausgeht. Es hat in vielen Ländern eine lange Tradition, prägte etwa auch Kulturen in China, Japan und Afrika und ist weit mehr ist als nur ein »Kasperletheater«. Falls Sie selbst Interesse daran haben und aktiv werden möchten: Die Märchenbühne sucht immer engagierte und talentierte Mitspielerinnen und Mitspieler!

Informationen Märchenbühne Handpuppentheater Wasbek e.V. · Spielsaison Nov. bis März, Vorstellungen Sa 14 und 16 Uhr im Gemeindezentrum Wasbek · Kartenpreis 3 € · Hauptstraße 37 · 24647 Wasbek

Anfahrt Die Gemeinde Wasbek liegt unmittelbar an der A 7 und ist über die Abfahrt Neumünster-Mitte gut zu erreichen.

Wölfe heulen hören im Wildpark Eekholt

45

... und noch rund 100 weitere heimische Tierarten erleben: Ein Ausflug in den Wildpark zwischen Neumünster und Bad Segeberg ist immer ein Erlebnis, ganz besonders aber zu den Wolfsnächten oder bei anderen Events im Wald. Eekholt ist auch Sitz des Wolfsinformationszentrums Schleswig-Holstein, das mit der aktuellen Entwicklung an Bedeutung gewinnt.

Er ist zurück in unseren Wäldern: Die letzten Schlagzeilen sorgten bei Tierschützern für Jubel, bei einigen Menschen aber auch für Angst vor dem »bösen Wolf«. Umso wichtiger ist es zu erfahren, wer »Meister Isegrim« wirklich ist und zum Kern der oftmals unwahren Gerüchte vorzudringen. Dass dies obendrein jede Menge Spaß mit sich bringen kann, beweisen seit mehr als 20 Jahren die »Eekholter Wolfsnächte«, eines der winterlichen Highlights in dem Wildpark am Rande des Segeberger Forstes. Dazu gehören Aktionen wie eine Fackelwanderung, eine Wolfsrallye und Fahrten mit dem Huskygespann; Besucher können außerdem mehr über das Wolfsinfozentrum Schleswig-Holstein erfahren. Der Besuch der Naturerlebnisstätte, in der man auch bei Wolfsfütterungen dabei sein kann, lohnt sich das ganze Jahr über. Die privaten Betreiber haben es sich zur Aufgabe gemacht, heimische Tiere in ihrer natürlichen Umgebung zu zeigen und Menschen nachhaltig für die Natur zu begeistern. Auf einer Fläche von 67 Hektar sind mehr als 700 Tiere in 100 Arten zu beobachten.

RSH -TIPP

Falkner für einen Tag sein: Von März bis Ende Oktober gibt es auch Flugvorführungen mit Eulen und Greifvögeln im Wildpark Eekholt. Besonders interessierte Besucher können nach Terminabsprache einen Tag mit dem Falkner verbringen und dabei Einblicke in die Arbeit gewinnen.

Informationen Wildpark Eekholt · März–Okt. 9–18 Uhr, Sie können sich bis zum Einbruch der Dunkelheit im Wildpark aufhalten, der Erweiterungsteil »Moor & Heide« schließt bereits um 18 Uhr · Erw. 9 €, Kinder (4–16 Jahre) 7,50 €, Familienkarte 29,50 € · Stellbrooker Weg · 24598 Heidmühlen · Tel. 0 43 27/9 92 30 · www.wildpark-eekholt.de · www.wolfsinfozentrum.de · falknerische Flugvorführungen · ab Mitte März – Nov. tgl. 11.30, 14 und 16 Uhr (außer bei Regen)

46 Den Wilden Westen in Bad Segeberg erleben

Unbekannt sind die Karl-May-Spiele nun wirklich nicht – und trotzdem: Es soll sogar Schleswig-Holsteiner geben, die sie bisher verpasst haben. Höchste Zeit also, sich in den Sattel zu schwingen und in diese besondere Stadt zu galoppieren, die sich schon beinahe in eine Prärie verwandelt hat.

In der Stadt spricht man auch vom »Bad-Segeberg-Virus«, der alle befällt, die in irgendeiner Form an den Festspielen mitwirken. Er trägt dazu bei, dass nach mehr als 60 Karl-May-Sommern die Menschen noch immer begeistert sind von den Aufführungen im Kalkbergstadion. Es gilt als eines der schönsten Freilichttheater Europas. Zuletzt lag der Rekord bei mehr als 320 000 Besuchern pro Spielzeit. Insgesamt sahen bereits mehr als acht Millionen Zuschauer die Abenteuer von Winnetou und Old Shatterhand, die 1952 Premiere hatten. Jedes Jahr gibt es seitdem eine neue Geschichte, zum Glück hat Karl May zahlreiche geschrieben. Man ist fast mittendrin im Geschehen, so dicht reiten die Schauspieler vorbei, so nah sind die Action-Szenen mit tollkühnen Stunts. In den Wilden Westen um 1880 entführt außerdem das Indian Village direkt neben dem Freilichttheater, eine Westernstadt samt Barber-Shop, Drugstore, Krämerladen, Sheriffbüro und Saloon. Im »Nebraska-Haus« können Sie außerdem die Ausstellung »Die Welt der Indianer« besuchen.

RSH -TIPP

Zu den Fledermäusen in der Kalkberghöhle: Seien Sie am besten rechtzeitig da, um mit dem Festivalbesuch die Erlebnisausstellung Noctalis zu verbinden. Hier lebt außer den Fledermäusen auch Foxi Flatterinchen, eine indische Riesenflughündin (www.noctalis.de).

Informationen Karl-May-Spiele · Karl-May-Platz · 23795 Bad Segeberg · Ticket-Hotline und Infos: Tel. 01805/952111 (0,14 €/Min./ Mobilfunk max. 0,42 €/Min.) · Online-Ticketbestellung: bestellung@karl-may-spiele.de · Tel. 04551/96490 · www.karl-may-spiele.de

Anfahrt Aus Richtung Ostsee auf der B 432 die Abfahrt Quaal/Schieren nehmen, den Wegweisern in Richtung Bad Segeberg folgen.
Aus Richtung Süden (z.B. Norderstedt/Hamburg) auf der B 432 oder A 21 die Abfahrt Schwissel.
Oder mit dem Wild-West-Express der Nordbahn: Tel. 040/30397733, www.nordbahn.de

HELMERS HOME
STORE & MORE

Sich Mölln vom Nachtwächter zeigen lassen

47

Im Laternenschein zeigt die Altstadt ihr wahres historisches Gesicht. Diese Führung versetzt in Zeiten, zu denen der Scharfrichter noch sein Schwert schwang. Dabei erfährt man so manches über die Stadtgeschichte und den Beruf des Nachtwächters. Auch tagsüber ist die Till Eulenspiegl-Stadt unbedingt einen Besuch wert – ganz besonders zu den Festspielen.

Die Nachtwächterführung beginnt am historischen Marktplatz, schon zu Gründerzeiten Mittelpunkt des städtischen Lebens. Hier wurden auch Gerichtsurteile gefällt, Strafen in aller Öffentlichkeit vollzogen und Menschen an den Pranger gestellt – daran erinnert noch die Nachbildung des »Schandpfahls« mit eiserner Kette. Düster wie damals wirkt der Ort im Laternenlicht. Auch die Fachwerkhäuser, die alles überragende St. Nikolai-Kirche und das 1373 errichtete Rathaus scheinen nun zum mittelalterlichen Leben zu erwachen. Es ist übrigens das zweitälteste Rathaus in ganz Schleswig-Holstein (nach Lübeck) und ein Paradebeispiel der Backsteingotik.

Dann treffen Sie auf den Mann, der die Welt zum Narren hielt und die Stadt berühmt machte: Till Eulenspiegel soll im Jahr 1350 in Mölln gestorben sein, weshalb ein Brunnen mit seinem Denkmal auf dem Marktplatz steht. Fußspitzen und Daumen der Bronzefigur sind schon ganz blank gerieben, denn beides gleichzeitig zu berühren soll Glück bringen.

Direkt gegenüber ist die Geschichte Eulenspiegels in einem Museum nachzuerleben – also am besten früh da sein und vor dem Rundgang mit dem Nachtwächter noch Zeit für Sightseeing einplanen. Übrigens werden auch Stadtführungen für Kinder oder auf Plattdeutsch angeboten. Und bei der »Till Eulenspiegel-Begrüßung« können Sie dem wieder auferstandenen Schalk in Menschengestalt begegnen. Ein besonderes Ereignis sind die Eulenspiegel-Festspiele auf dem historischen Marktplatz.

Informationen Nachtwächterführung · Dauer: ca. 70 Minuten · bis 25 Personen · ganzjährig buchbar · 65 € · www.moelln-tourismus.de

Anfahrt A 24 Hamburg–Berlin, Ausfahrt Talkau, dann B 207 bis zur Ausfahrt Mölln-Süd; A 20 Lübeck–Rostock, Ausfahrt Groß Sarau, dann B 207 bis zur Ausfahrt Mölln-Nord

Informationen Erlebnisbahn Ratzeburg · Am Bahnhof im Zug · 23911 Schmilau · Tel. 04541/898074 · www.erlebnisbahn-ratzeburg.de

Anfahrt A 1 aus Richtung Hamburg bis Abfahrt Bad Oldesloe, auf die B 208/207 bis Ratzeburg, dort Nebenstrecke bis Schmilau. Oder über die A 24 bis Abfahrt Talkau und die B 207 bis Ratzeburg.

Ferien auf dem Bahnhof machen

48

Südlich von Lübeck hängen Züge in den Bäumen und noch weitere verwandelte Waggons sind zu finden, in denen man übernachten, speisen oder Spaß haben kann. Für Ausflüge in den Naturpark Lauenburgische Seen stehen verrückte Fahrzeuge bereit. Aus stillgelegten Bahnhöfen mit rund 13 Kilometern Gleisen entstand eine wohl einmalige Erlebniswelt.

Geschäftsführer Oliver Victor, der mittendrin selbst in einem Güterwaggon lebt und arbeitet, ist Bastler und Eisenbahn-Fan. So steckt viel Herzblut in den zu Unterkünften umgestalteten Zügen, darunter in Pastellfarben leuchtende Holzwaggons. Die Gleisbauersuite »Indien« etwa ist eine Ferienwohnung mit Küche, WC und Dusche: bunte Steine funkeln, Vorhänge glitzern, ein Buddha lächelt von der Badtür. Exotisch sieht es auch in den Nachbarabteilen aus, wahlweise geht die Reise dort nach Afrika, Ägypten oder Hawaii. Gegenüber steht eine Badelok mit Sauna und Whirlpool, hundert Meter weiter bietet ein ehemaliger Mitropa-Schlafwagen nun unbewegte Nachtruhe für 30 Personen. Nebenan wurde ein Zug zu Doppelstocksuiten umgebaut. Neu hinzugekommen ist das Kofferhotel: Übernachten in einem »schwebenden« Koffer, der direkt über dem Schlafwagen in den Baumwipfeln hängt. Man schläft zwischen riesigen Zahnbürsten, einer überdimensionierten Zahnpastatube als Bettpfosten und Kuscheltieren – und fühlt sich dabei fast wie ein Teil des Reisegepäcks.

Die ungewöhnlichen Unterkünfte befinden sich auf dem stillgelegten Bahnhof Schmilau, dem Herzstück der Erlebnisbahn Ratzeburg. Verpflegung gibt es im gläsernen Speisewagen und in kunstvoll gestalteten S-Bahn-Waggons. In einer alten Straßenbahn sind optische Täuschungen ausgestellt. Aus einer Rübenverladestation gestaltete Victor den benachbarten Abenteuerbahnhof Hollenbek, zu dem auch das »Baumhaushotel in einem explodierten Zug« gehört. Auf den stillgelegten Gleisen können Besucher Draisine fahren und am Ratzeburger See auf Wasserfahrzeuge wie ein Hydrobike (Wasserfahrrad), Kanu oder Drachenboot umsteigen. Auf dem Gelände der Erlebnisbahn stehen außerdem verrückte Transportmittel wie das Konferenzfahrrad bereit, auf dem bis zu sechs Personen radelnd im Kreis sitzen. Für ganz Sportliche gibt es geführte Ausflüge wie die »2 Seen sehen-Tour«, die »2 Gleise Reise« oder den »4 Radlon« – mit Rast im »3-Muskel Café« im Bahnhof von Ratzeburg.

49 Durch den Sachsenwald spazieren

Ob im Frühjahr, wenn die Sonne durch zartes Grün blinzelt, im Sommer bei kraftvollem Licht, im Herbst, wenn die Pilze duften oder im Winter: Schleswig-Holsteins größtes zusammenhängendes Waldgebiet sorgt für den Kurzurlaub vor der Haustür. Es führt meist auch zur Begegnung mit Bismarck, dem ersten deutschen Reichskanzler.

Auf einer Fläche von knapp 70 Quadratkilometern breitet sich diese Idylle aus, ein Katzensprung von Hamburg entfernt und somit auch Wohlfühlgefilde naturliebender Großstädter. Schön zu erkunden bei ausgiebigen Wanderungen – verschiedene Touren sind auf der Homepage des Sachsenwalds zu finden. Sie können aber auch gezielt besondere Ausflugsziele ansteuern, die toll für Kinder sind, etwa den schönen Schmetterlingsgarten oder die Museumseisenbahn im Lokschuppen Aumühle.

Bei einem Spaziergang stößt man an vielen Stellen auf Spuren des ersten deutschen Reichskanzlers. Otto von Bismarck hatte sich 1871 in Friedrichsruh, einem Ortsteil von Aumühle, niedergelassen und lebte dort bis zu seinem Tod 1898. Kaiser Wilhelm I. hatte ihm das große Waldgebiet als Dank für dessen Verdienste um die Reichsgründung geschenkt. Noch heute zählt der Sachsenwald zum Besitz der Fürstenfamilie.

In Aumühle steht der 27 Meter hohe Bismarckturm und bei Friedrichsruh eine Bismarck-Säule. Dort befindet sich auch das Bismarck-Museum im »Alten Landhaus« mit dem originalgetreu eingerichteten Arbeitszimmer Bismarcks. Die Sammlung enthält unter anderem das Original der »Kaiserproklamation von Versailles 1871«, Briefe, Handschriften, Dokumente, Ehrenbürgerbriefe der Städte, Kassetten und Schatullen, wertvolle Porzellane und Geschenke aus aller Welt. Noch mehr Hintergrund bietet die Ausstellung in der nahen Otto-von-Bismarck-Stiftung. Zu Friedrichsruh gehört auch das Bismarck-Mausoleum, in dem der Reichsgründer neben seiner Frau Johanna seine letzte Ruhe fand.

RSH -TIPP

Das nahe gelegene Sachsenwaldbad am Tonteich bietet im Sommer Natur pur und Erfrischung in Wasser, das der Haut guttut (vergleichbar mit der Wirkung von essigsaurer Tonerde). Mit Kinderbereich und Sprungturm und dem nostalgischem Flair einer Seebadeanstalt. Es ist auch per S-Bahn (Wohltorf) ab Hamburg zu erreichen (www.tonteichbad.de).

Informationen Sachsenwald · www.sachsenwald.de (hier auch Infos zu den anderen Sehenswürdigkeiten mit Öffnungszeiten und Preisen)

Anfahrt A 24 Hamburg–Berlin bis Ausfahrt 4 Reinbek, über die Bundesstraße Richtung Reinbek/-Glinde und bis Abfahrt Aumühle/Reinbek–Schönningstedt/Glinde über die Sachsenwaldstraße bis Friedrichsruh.

HL-753
Quandt's Wakenitz-Fah

Den Amazonas des Nordens erkunden

50

Lübeck verbinden viele Besucher vor allem mit der nahen Ostsee, dabei ist die Hansestadt doch auch von Flüssen geprägt. Bei einer Fahrt über die Wakenitz – bis hin zum Ratzeburger See – wähnt man sich fast im Dschungel … Das Grüne Band zeigt sich hier als artenreicher Lebensraum.

Eine Bootsfahrt ab der Lübecker Altstadtinsel in Richtung Süden sorgt für ungeahnte Eindrücke: Urwaldgrün statt Meeresblau, eine ruhige Idylle statt trubeliger Ostseestrände. Im Ufersaum der Erlenbrüche und Sumpfgewässer ruft die Rotbauchunke, rascheln Kammmolch, Knoblauchkröte und Moorfrosch, leben Sumpfohreule, Wachtelkönig, Eisvogel und Schwarzspecht, mindestens 2000 Tier- und Pflanzenarten zählte man bereits. Die Niederung der Wakenitz gehört zum Grünen Band: Dort, wo fast 40 Jahre lang die innerdeutsche Grenze verlief, der Eiserne Vorhang von der Ostseeküste bis zur Tschechoslowakei Europa teilte, fand die Natur ein Refugium, in dem sich auch seltene Arten entwickeln konnten.

Die Wakenitz entspringt im Ratzeburger See, ihr Lauf endet mitten im Lübecker Stadtgebiet, wo er mit der Trave die Altstadtinsel umrahmt. Zu erkunden ist der Amazonas des Nordens bei einer Fahrt mit Schifffahrt Quandt. Noch bis 1972 wurde aus der Wakenitz übrigens das Trinkwasser für Lübeck gewonnen.

RSH -TIPP

Für eine Erfrischung in der warmen Jahreszeit gibt es ganz in der Nähe noch ein schönes Ziel: Gleich neben dem Anleger liegt das Naturbad Falkenwiese, ein nostalgisches Flussfreibad an der Wakenitz mit hölzernen Umkleideräumen und Badestegen.

Informationen Wakenitz Schifffahrt Quandt OHG · Erw. ab 12,50 €, Kinder ab 6,50 € · Wakenitzufer 1c · 23564 Lübeck · Tel. 0451/793885 · www.wakenitzfahrt.de
Naturbad Falkenwiese · Wakenitzufer 1b · 23564 Lübeck · Tel. 0451/794315 · www. naturbad-falkenwiese.info · Mo–Fr 9–19 Uhr, Sa/So 10–19 Uhr · mit Kulturprogramm auf der Seebühne

Anfahrt A 1, Abfahrt Lübeck-Zentrum, den Straßen Bei der Lohmühle, Einsiedelstraße, Hafenstraße und Falkenstraße bis Wakenitzufer folgen

51 In Lübeck das Marzipan-Abitur machen

Wie süß es sein kann, noch einmal die Schulbank zu drücken … In der Marzipan-Show sind alle bei der Sache. Sehenswert ist auch die zugehörige Ausstellung im Marzipanspeicher. Und wenn Sie schon auf der Altstadtinsel sind – wie wäre es mit einem hanseatischen Kulturhopping?

Der Weg zu dem begehrten Abschlusszeugnis führt direkt in das kulturelle Herz Lübecks: die von den Flüssen Trave und Wakenitz gerahmte Altstadtinsel mit dem Holstentor als Wahrzeichen der Stadt. Nur wenige Schritte weiter können Sie das Marzipan-Abitur machen. Die »Prüfung«, bei der nach Anleitung Figuren aus Marzipan geformt werden, ist der Höhepunkt der rund 45-minütigen Marzipanshow im Lübecker Marzipan-Speicher. Dort lohnen sich außerdem der Rundgang durch die kostenlose Ausstellung von Kuriositäten, Antiquitäten und Exponaten rund um Lübecks Spezialität und die Reise durch das Marzipanland, in dem unter anderem lebensgroße Figuren in Marzipankleidung zu bewundern sind, darunter auch Weltrekorde.

Um die Herkunft des Marzipans ranken sich die unterschiedlichsten Geschichten und Legenden. Als gesichert gilt, dass es aus dem Vorderen Orient stammt. In den Lübecker Zunftrollen wird »Martzapaen« erstmals im Jahr 1530 erwähnt. Seinen Ruf als »Marzipanstadt« mit der Vorrangstellung bei der Marzipanproduktion begründete Lübeck erst nach 1800. Ob dies einem besonders ideenreichen Konditor zu verdanken ist oder ob ein Wettbewerb der verschiedenen, schon damals namhaften Lübecker Konditoreien die Marzipanherstellung zu dieser Blüte brachte – das weiß niemand so genau.

Zu einem Besuch der Altstadtinsel sollte auch eine Besichtigung des Holstentors (mit Museum) und des Lübecker Doms gehören.

Informationen Lübecker Marzipan-Speicher · Mo–So 11–18 Uhr, Marzipanshow März–Okt. Di, Mi, Do 11 und 14 Uhr, Sommerferien Mo–Fr 11, 14 Uhr und nach Vereinbarung · An der Untertrave 98 · 23552 Lübeck · Tel. 0451/8973939 · www.marzipanland.de

Anfahrt A 1, Abfahrt Lübeck. Dann Richtung Fähre Nordlandkai/Fähre Konstinkai fahren und der Fackenburger Allee bis zur Altstadtinsel folgen.

1870
TOR ISC HER
Lübecker Marzipan-Speicher
EIS

PRIWALL

Herzlich Willkommen
zur Travemünder Woche
49
adidas

Auch die Travemünder Woche nicht verpassen

52

Einige Nicht-Segelnde übersehen sie im Schatten ihrer großen Schwester in Kiel, für manche Anhänger des Wassersports wiederum ist sie sogar »die schönste Regatta der Welt«. Für Gäste gibt es ein buntes Festivalprogamm mit allem Drum und Dran. Diese zehn tollen Tage im Juli sollten Sie sich nicht entgehen lassen!

Auch die Travemünder Woche hat eine mehr als hundert Jahre lange Tradition. Es begann 1889 mit einer Wette: Für den Einsatz einer Flasche Lübecker Rotspon segelten die beiden Hamburger Kaufleute Hermann Wentzel und Hermann Dröge, was das Zeug hielt. Daraus entwickelte sich eine Veranstaltung mit rund 850 Booten und zehntägigem Festival an Land, zu der jährlich rund eine Million Besucher kommen. Mehr als 1500 Seglerinnen und Segler aus rund 20 Nationen treten in den internationalen und olympischen Bootsklassen gegeneinander an. Dazu gibt es ein Spektakel im Brügmanngarten mit Festivalbühne, Spiel und Spaß für Kinder, eine Flaniermeile an der Trelleborgallee, das Seglervillage an der Travepromenade und Fun in den Beachclubs. Ein Höhepunkt ist die »Passat Laser Performance«, bei der das Wahrzeichen von Travemünde mit einer Laser- und Pyro-Show in Szene gesetzt wird. Zum Abschluss der Travemünder Woche leuchtet ein großes Feuerwerk über der Bucht. Einen besonders schönen Blick auf die Regatta haben Sie vom Strand und von der Mole aus.

RSH -TIPP

Die »Passat« besuchen: Travemündes Wahrzeichen ist immer einen Ausflug wert. Die 1911 getaufte Viermastbark, 115 Meter lang, gehörte zur Flotte der Flying P-Liner. Als letzte Zeugin des Segelschiffzeitalters liegt sie am Priwall in Travemünde und ist zu besichtigen.

Informationen Travemünder Woche · jedes Jahr im Juli · www.travemuender-woche.com · Travemünde Tourismus · Strandbahnhof, Bertlingstr. 21 · 23570 Travemünde · Tel. 0451/8899700 · www.travemuende-tourismus.de · Viermastbark Passat · www.ss-passat.com

Anfahrt A 1 aus Richtung Hamburg/Lübeck, beim Dreieck Bad Schwartau auf die A 226 (und die Verlängerung B 75/76) bis Travemünde

53 Am Meer Achterbahn fahren

Der Freizeitpark direkt hinter dem Ostseestrand ist längst eine Institution im Lande. Neben Nervenkitzel vom Feinsten können Sie im HANSA-PARK auch Schleswig-Holstein erleben – mit Attraktionen und Themenbereichen zu Meer und Hanse, den Wikingern und Gebäuden wie dem Lübecker Holstentor, die sich hier noch einmal ganz anders präsentieren.

Zu den Fahrattraktionen gehören einige, die anderswo gar nicht oder nur selten zu finden sind, etwa das »Rendezvous im Loop«, bei dem sich zwei Achterbahnen im Looping begegnen – oder die Wasser-Bobbahn »Rio Dorado«, bei der die Boote eine 70 Meter lange Rampe hinauffahren, um dann in einem Wildwasserkanal kreiselnd durch Steilkurven ins Tal zu sausen. Zu den elf Themenwelten des HANSA-PARKS gehören unter anderem das »Wikingerland« oder die »Plaza del Mar«. Begonnen wurde obendrein mit dem Bereich »Hanse in Europa«. Er soll zum außergewöhnlichsten Merkmal des Erlebnisparks werden. Außerdem können Sie sich auf dem Gelände bei verschiedenen Shows und Events amüsieren, etwa bei der »Zeit der Schattenwesen« oder dem »Herbstzauber am Meer«, darunter Darbietungen auf der größten Varietébühne Norddeutschlands, Live-Kapellen mit Dixie- und Latinomusik, die größte Parade des Nordens, verschiedene Live-Shows auf der Freilichtbühne und der feucht-fröhliche Wasserzirkus (Termine siehe Homepage).

Der traditionsreiche Park in Sierksdorf wurde 1973 als Legoland gegründet und 1977 als Themenpark neu eröffnet. Ältere Semester kennen ihn noch als »Hansaland«, so hieß er bis 1987. Im Laufe der Jahre kamen zahlreiche Erweiterungen hinzu, inzwischen sind es mehr als 125 Attraktionen auf einer Gesamtfläche von 460 000 Quadratmetern, darunter 35 Fahrattraktionen und vier Live-Shows. Und immer wieder gibt es etwas Neues. Geplant ab der Saison 2015: »Der Schwur des Karnan«, ein Hyper Coaster der Superlative.

RSH -TIPP

Beim Besuch im HANSA-PARK unbedingt in den »Fluch von Novgorod« steigen. Die Extrem-Achterbahn trägt ihren Namen zu Recht … mit Katapultstart in 1,4 Sekunden auf 100 Stundenkilometer, 97° Grad-Sturz im Stockdunkeln und einem Schienenabschnitt, der einem Seemannsknoten nachempfunden wurde. Viel Spaß!

nformationen HANSA-PARK · ca. Mitte pril–Ende Okt. tgl. 9–18 Uhr, die Fahrattraktionen ind ab 10 Uhr geöffnet · Kinder unter 4 Jahren owie Geburtstagskinder bis einschließlich 14 Jahre mit Nachweis) haben freien Eintritt, Kinder und ugendliche (bis einschließlich 14 Jahre) 28 Euro, Erachsene (bis 59 Jahre) 35 Euro, Erw. (ab 60 Jahre) 28 Euro (im Eintritt ist ein Kuchengedeck enthalten) · Am Fahrenkrog 1 · 23730 Sierksdorf · Tel. 0 45 63/47 40 · www.hansapark.de

Anfahrt A 1 aus Richtung Hamburg/Lübeck, Abfahrt Eutin, dann der Bäderstraße bis Sierksdorf folgen

54 Das Bananenmuseum in Sierksdorf besuchen

Der für den HANSA-PARK mehr als bekannte Ferienort hat auch noch einen echten Geheimtipp zu bieten. Hier könnte es auch endlich die Antwort auf die Frage geben, warum die Banane krumm ist. Schon beachtlich, wozu es die gelbe Tropenfrucht schon so gebracht hat. Der Eintritt ist frei oder besser gesagt: Dem Museumsdirektor »so ziemlich banane«.

Der Pop-Art-Künstler Andy Warhol zeichnete sie, die legendäre Tänzerin Josephine Baker machte sie als Röckchen berühmt, und auch als Frucht der deutschen Wiedervereinigung ging die Banane in die Geschichte ein. Sie prägte einen eigenen Spruch – »Alles Banane oder was?« –, und eine spaßige Bootsform. Ihre Schale trat in Slapstick-Komödien genauso auf wie in seriöser Versicherungswerbung. Gründe genug also, der wandlungsfähigen Frucht nun endlich eine eigene Ausstellung zu widmen.

Das Erste Deutsche Bananenmuseum beschäftigt sich mit der Banane in Kunst und Wirtschaft sowie mit der Banane als Sammlerobjekt. Das wertvollste Stück ist ein Bananen-Stich der Naturforscherin und Künstlerin Maria Sibylla Merian aus dem frühen 18. Jahrhundert. Auch ist Informatives zu entdecken wie die Holzskulptur eines Plantagenarbeiters und Fässer für den Transport von Bananenbrei. Wozu die Banane noch so fähig ist, zeigen Objekte wie eine Bananenkrummbiegemaschine oder der »Bananomat«, der Geld auswirft, wenn man eine Banane hinein steckt. Auch das Thema Erotik kommt nicht zu kurz, ist doch die Form dieser Frucht in ihrer Art… einmalig. Fast 11 000 Exponate sind es insgesamt, und zu vielen weiß Stelli Banana eine Geschichte zu erzählen. Der Museumsdirektor, der eigentlich Bernhard Stellemacher heißt, ist auch Industriedesigner und freier Künstler. So manche der ausgestellten Früchtchen hat er selbst entworfen. Ob Sie es mit ernstem Interesse besuchen oder mit einem Augenzwinkern: So ein Museum findet man selten.

Informationen Erstes Deutsches Bananenmuseum · ganzjährig Sa/So 11–13 Uhr, Gruppen mit schriftlicher Anmeldung auch sonst · Eintritt frei · Prof.-Haas-Str. 59, 23730 Sierksdorf · Tel. 0 45 63/83 35 · www.bananenmuseum.de

Anfahrt A1 Ausfahrt 15 Eutin, der Bäderstraße bis Professor-Haas-Straße in Sierksdorf ca. 3 km folgen (ca. 3 Min.)

agv

0151-50 830 900
PIRATES.DE

Bei einer 1000-PS-Adrenalintour mitfahren

55

Im Tiefflug über die Wellenkämme: Angetrieben von vier dicken Motoren flitzt das windschnittige Gefährt Richtung Horizont … Am Steuer stehen die Piraten des Baltischen Meeres. Wer es ruhiger angehen möchte, entscheidet sich für ein Viertel der Pferdestärken, das ist schließlich auch schon ganz schön schnell.

Die schon oft gebrauchte Floskel trifft es hier einmal wirklich: Der Name ist Programm. »Adrenalin pur« heißt das Flaggschiff der Batic Pirates, ein 1000-PS-Schlauchboot, das auf der »Boot« in Düsseldorf 2014 erstmals präsentiert wurde. Mit einer Spitzengeschwindigkeit von 60 Knoten, also rund 110 Stundenkilometern, zischt es wie ein Pfeil über die Ostsee.

Rigid Inflatable Boats (RIB) nennt man Highspeed-Schlauchboote, die ein Tempo haben wie die Schnellboote der Marine, dabei aber noch wendiger sind. Entwickelt für rasante Fahrten auf hoher See, werden sie etwa von den Navy Seals oder bei Greenpeace-Aktionen eingesetzt. In der Lübecker Bucht können Sie ausprobieren, wie sich dies anfühlt. Die Baltic Pirates mit Standort in Grömitz bieten individuelle Touren in verschiedenen RIBs an – wahlweise buchbar mit 1000, 700 oder auch »nur« 250 Pferdestärken. Auch die Dauer kann variieren von der 15-Minuten-Highspeed-Tour bis zur 45-minütigen »Lübecker Bucht Action Tour«. Im Sommer starten die Freibeuter der Ostsee regelmäßig an der Grömitzer Seebrücke, möglich sind außerdem Speedfahrten ab Scharbeutz, Timmendorfer Strand, Kellenhusen, Pelzerhaken, Niendorf oder Burgstaaken auf Fehmarn. Je nach Teilnehmerzahl und Seewetter kann es hier auch kurzfristige Planänderungen geben. Außerdem im Angebot: Banane fahren (witterungsabhängig und für Gruppen ab acht Personen). Auch auf Events wie der Travemünder Woche oder dem Grömitzer Lichtersommer können Sie die Baltic Pirats und ihre Flotte in voller Fahrt erleben.

Informationen Baltic Pirates · Tel. 04561/7146884 · www.baltic-pirates.de · Fahrten ab der Grömitzer Seebrücke (Termine siehe Homepage) · telefonische Voranmeldung unter 0151/50830900 erbeten

Anfahrt A 1 aus Richtung Hamburg/Lübeck bis Ausfahrt 13 Neustadt i. H.-Pelzerhaken nehmen, dann der B 501 bis Grömitz folgen

Die Ostsee in Flammen erleben

56

Das Feuerwerk, bei dem das Baltische Meer in allen Farben erglüht, ist die Krönung des alljährlichen Grömitzer Lichtersommers: Im Juli und August ist jeweils mittwochs an verschiedenen Schauplätzen ein Highlight nach dem anderen zu erleben, geschaffen aus Lasern, Illuminationen, Feuerwerk und Musik.

Mal gibt es ein klassisches Konzert zu Lichtinstallationen im Kloster Cismar, mal Rock und Pop im Erlebniszentrum Lensterstrand, mal ein Spektakel mit Feuershow im Yachthafen. Auch wird der Kurpark in ein Lichtermeer aus bunten Lasern getaucht, die zu Filmsoundtracks, Pop, Oper und Trance tanzen. Die Feuerwehr Grömitz »konstruiert« dazu eine große Wasserwand, auf der immer wieder neue Formationen zu bewundern sind. Das Programm des Grömitzer Lichtersommers variiert von Jahr zu Jahr und birgt auch immer wieder Überraschungen. Eins aber ist immer dabei: Zum Abschluss steht die »Ostsee in Flammen«: Vulkane, Fontänen, Feuerräder und ein Höhenfeuerwerk bringen auch den Himmel zum Glühen.

Die 2010 eingeführte Veranstaltungsreihe erfreut sich so großer Beliebtheit, dass es seither jedes Jahr wieder heißt: Grömitz feiert die kurzen Nächte, die auch hier im Norden oftmals lauschig sind. Der Lichtersommer beginnt meist Anfang bis Mitte Juli und geht bis Mitte oder Ende August, also zur schönen Zeit der hiesigen Sommerferien. Der Eintritt zu den Veranstaltungen ist frei.

Vorher könnten Sie am acht Kilometer langen Sandstrand von Grömitz noch einmal Sonne tanken oder sich in der Freizeitanlage Lensterstrand vergnügen (drei Kilometer ab Ortszentrum): Sie wurde 2011 neu geschaffen mit Kletterpark, Aussichtsturm, Minigolfplatz, Natur-Erlebnis-Station, Grillzonen, Café-Bistro, Spielplatz und Lounge-Arealen.

Informationen Grömitzer Lichtersommer · www.groemitz.de

Anfahrt A 1 aus Richtung Hamburg/Lübeck bis Ausfahrt 13 Neustadt i. H.-Pelzerhaken, dann der B 501 bis Grömitz folgen

57 Die Ostsee einmal von unten betrachten

Von oben wirkt sie oft verschlossen und auch mal grau, doch sobald man den Kopf unter die Wasseroberfläche steckt, offenbart die Ostsee ihre ganz eigene Schönheit. Flaschengrün ist sie und voller verstecktem Leben. Mit der Tauchgondel Grömitz geht es gleich mehrere Meter hinab – und dabei bleiben Sie sogar trocken!

Langsam steigt das Wasser vor den langen ovalen Glasscheiben, und es eröffnet sich eine andere Welt, die besonders schön aussieht, wenn Sonnenstrahlen wie helle Säulen im Dämmerlicht stehen. Dies ist kein Glasbodenboot in den Tropen mit Blick in buntes Getümmel, hier entlockt ein Blick für das Kleine die Geheimnisse: Miesmuscheln, die an Steinen sitzen, sich bedächtig öffnen und schließen, eine winzige Garnele, filigrane Quallen, mit Glück erscheint auch mal etwas Größeres wie ein Seehase. Je nach Wetter und Jahreszeit kann auch fast gar nichts zu sehen sein, und doch ist es allein schon schön, sich einmal auf den stillen Grund des Baltischen Meeres zu begeben und die fremde Unterwasserwelt zu entdecken.

Wenn Sie es erleben möchten: Die Tauchgondel ist am Kopf der Grömitzer Seebrücke zu finden, sie bietet Platz für bis zu 30 Personen. Es geht vier Meter hinab, 30 Zentimeter über dem Grund bleibt die Gondel stehen. Für den Fall der Fälle gibt es eine Luke in der Spitze, über die man sie auf trockenem Weg verlassen könnte. Die Grömitzer Tauchgondel wurde im September 2009 eröffnet. Als eine der touristischen Hauptattraktionen bereichert sie nun das Ostseebad. Und falls Sie noch dichter ans Geschehen ran möchten: Schon beim Schnorcheln kann man in der Ostsee einiges entdecken und erst recht beim Gerätetauchen. Einfache Schnorchelausrüstungen sind in vielen Strandshops erhältlich, den richtigen Einstieg in den Sport ermöglichen Tauchschulen an der Küste.

Informationen Tauchgondel Grömitz · Nov. bis März 11–16 Uhr, außerhalb der Ferien Mo, Di Ruhetag, April, Mai, Sept., Okt. 10–19 Uhr, Juni bis Aug. 10–21 Uhr · Kurpromenade 0 · 23743 Grömitz · Tel. 04562/225130 · www.tauchgondel.de

Anfahrt A 1 aus Richtung Hamburg/Lübeck, Ausfahrt 13 Neustadt i. H.-Pelzerhaken, dann der B 501 bis Grömitz folgen

Auf einen Getreidesilo klettern

58

Sie gehören in die schleswig-holsteinische Agrarlandschaft, doch wie ist es wohl, einmal von einem herab zu schauen? In Burgstaaken auf Fehmarn ist das Klettern einmal anders zu erleben. Wer es bis zum Silorand schafft, kann ein Inselpanorama aus 40 Metern Höhe genießen – so eine Toprope-Anlage findet man selten.

Einige Gewerbebereiche im neu gestalteten Erlebnishafen Burgstaaken haben sich in besondere Attraktion verwandelt. So können wagemutige Kletterer beim Silo-Climbing drei ehemalige Getreidesilos erklimmen. Roland Hain betreibt die Kletteranlage mit 14 Routen verschiedener Schwierigkeitsgrade zwischen 5 und 40 Metern, darunter auch eine Tour bis ganz nach oben, bis hinauf zum Silorand. Sie gilt als die höchste künstliche Kletterroute in ganz Europa. Im zugehörigen Climber-Café können auch Zuschauer einkehren.

Bis Juni 1996 ging Roland Hain noch dem nach, was für viele naheliegend ist, die auf die Insel »auswandern«: Er besaß einen kleinen Surfshop. Doch die Konkurrenz war groß, und sobald eine wetterbedingte Flaute den Wassersport einschränkte, konnte es an die eigene Existenz gehen. Er entdeckte das brach liegende Industriegelände in Burgstaaken mit den drei Getreidesilos. Viele Jahre lang hatten sie landwirtschaftliches Schüttgut aufgenommen und harrten einer neuen Bestimmung. Der glatte Beton war wie geschaffen für Kletterelemente. Und einige Kletterer, überlegte er, könnten sich spontan auch für das Surfen begeistern. Dass er dazu später gar keine Zeit mehr finden würde, ahnte Roland nicht … Weil die Idee so gut ankam, ist sie nun sein Hauptgeschäft.

Der gegenüber der Halbinsel Burgtiefe liegende Erlebnishafen hat außerdem noch so einiges mehr zu bieten – auch nette Einkehrmöglichkeiten!

Informationen Silo Climbing · April bis Okt. 10–18 Uhr, Juli/Aug. Open End. Die Öffnungszeiten gelten ab einer Tagestemperatur von –10 °C · 1 Stunde Klettern 6 €, 1 Stunde Kletterausrüstung 6 €, 1 Stunde Sicherungsausrüstung 3 €, Gruppen ab 10 Pers. auf Anfrage · Burgstaaken 50 · 23769 Fehmarn · Tel. 04371/503102 und Mobil 0170/5331764 · www.siloclimbing.com

Anfahrt A 1 bis Fehmarn/Puttgarden

59 Im Meereszentrum auf Fehmarn abtauchen

Fast wie ein Taucher fühlt man sich zumindest in dieser Ausstellung: Umgeben von Wasser, mit Rochen und Haien, die einem direkt ins Auge schauen. Rundgänge führen durch Glastunnel auch in Korallenwelten mit buntem tropischem Leben. Mit insgesamt vier Millionen Litern Meerwasser steht beinahe schon ein eigener kleiner Ozean in Burg auf Fehmarn.

Viele kommen wegen der Haie: Drei Millionen Liter fasst allein das Ozean-Aquarium, in dem die imposanten Meeresräuber an einem vorbeigleiten, auf eine Weise, die einmalig ist im Tierreich. Viele Arten wie Sandtiger-, Zitronen-, Ammen- und Schwarzspitzenriffhaie sind hier zu Hause. Eine Ausstellung informiert darüber, wie Haie riechen, hören und schmecken können und ihre Beute erspüren. Auch erfährt man, warum sie leider selbst oft zu Gejagten werden und warum es so wichtig ist, diese Tiere zu schützen – die eigentlich Angst vor dem Menschen haben müssten und nicht umgekehrt. Die Korallenwelt mit 35 Einzelaquarien und einem Unterwassertunnel versetzt einen in den Lebensraum der tropischen Meere. Neben altbekannten Gesellen wie Clownfischen, Seepferdchen und den giftigen Rotfeuerfischen tummeln sich auch Muränen, Steinfische, Kugelfische, Rochen und viele weitere Bewohner in den bunten Neptungärten. Neu ist seit 2014 der Rochentunnel, in dem auch Riesenzackenbarsche und Hunderte von Schwarmfischen schwimmen.

RSH -TIPP

Die Ostsee Erlebniswelt Heiligenhafen nicht verpassen: Dieser »Ableger« des Meereszentrums ist in Heiligenhafen vor dem Fehmarnsund zu finden. Auf 3000 Quadratmetern Fläche zeigt das Aquarium die Geschichte unserer Ostsee sowie ihre vielfältige Tierwelt.

Informationen Meereszentrum Fehmarn · Nov.–Ende Feb. 10–16 Uhr, März–Ende Okt. 10 Uhr–18 Uhr · Erw. 11 €, Kinder (4–15 Jahre) 7 € · Gertrudenthaler Str. 12 · 23769 Fehmarn–Burg, Tel. 04371/4416 · www.meereszentrum.de · Ostsee Erlebniswelt · März–Ende Okt. 10–18 Uhr · Erw. 10 €, Kinder (4–15 Jahre) 7 € · Bäderstraße 6 a-f · Am Turm · 23775 Klaustorf bei Heiligenhafen/Großenbrode · Tel. 04371/4416 · www.meereszentrum.de

Anfahrt A 1 (und ihre Verlängerung, der Bundesstraße E 47) Richtung Fehmarn–Puttgarden, auf Fehmarn in Richtung Burg abfahren

60 Einen Dorsch auf hoher See angeln

Wenn ein Land von so viel Wasser umgeben ist, gehört eine Seefahrt unbedingt dazu. Besonders nah an den Elementen ist man auf dem Hochseekutter. Auf vielen können Sie auch als Nicht-Angler oder Anfänger mitfahren, besonders ab der »Kutterhochburg« Heiligenhafen. Ab Kiel starten exklusive Mehrtagestouren bis in dänische Gewässer.

Noch ein Vorteil des mobilen Seesports: Wenn der Fisch nicht zum Angler kommt, dann kommt der Angler eben zum Fisch. Mit der einschlägigen Erfahrung der Skipper und moderner Technik sind die großen Schwärme schnell ausfindig gemacht. Einige Hochseekutter fahren auch feste Plätze wie Riffe an, die für ihren Fischreichtum bekannt sind. Es gibt also viele schöne Möglichkeiten zum Hochseeangeln, oft sind es Tagesausflüge mit Frühstück und Mittagessen an Bord, an denen auch Nicht-Angler teilnehmen können. Hier werden auch keine perfekt ausgestatteten Cracks erwartet, warme und wasserfeste Kleidung aber sollte es natürlich schon sein.

Als Mekka der Hochseeangler gilt Heiligenhafen mit einer der größten Hochseekutterflotten Europas. Hier können Sie fast überall mit an Bord gehen. Regelmäßig legt zum Beispiel die »MS HAI IV« ab, um verschiedene Fanggründe anzusteuern. Auch Anfänger sind willkommen. Die Crew unterstützt beim Umgang mit der Angel.

Seefeste Angler, die gleich mehrere Tage ihrer Leidenschaft frönen möchten, können mit der Kieler Schifffahrtsagentur Y. Hartung starten: Die Törns führen auch durch dänische Gewässer, etwa zum Öresund (Øresund) oder zum Weißen Riff (Jyske Riff) westlich von Thyborøn/Jütland. Letzteres wurde von den Fischern jahrhundertelang gefürchtet und gemieden, heute ist es noch relativ unbekannt bei deutschen Anglern. »Hier findet man die kräftigsten und größten Dorsche überhaupt«, ist sich der Anbieter sicher.

Informationen MS HAI IV ab Heiligenhafen (auch für Anfänger) · Fahrkarten und Frühstück gibt es ab 06.15 Uhr an Bord · www.hai4.de · Schifffahrtsagentur Y. Hartung (Meertagestouren ab Kiel) · Anfang April–Ende Juni · Griesingerstraße 9 · 24116 Kiel · Tel. 0431/149354, Mobil 0174/3212922 · www.hochsee-angeln-exklusiv.de/ms-ostsee-star.html · weitere Anbieter von Eckernförde bis Fehmarn auf www.fischerleben-schleswig-holstein.de

Auf der Turmhügelburg das Mittelalter erleben

61

An der Landstraße bei Lütjenburg steht ein Festungsturm aus Eichenholz mit Giebeldach auf einer grünen Kuppe, umgeben von einem Ringgraben und Hofanlagen. Alles wirkt so lebendig, als sei die Schlacht von Bornhöved erst gestern gewesen … Und an manchen Tagen sind tatsächlich Fürsten, Ritter und das Gesinde zugegen. Hier startet eine kleine Zeitreise!

Im Mittelalter standen zahlreiche solcher Turmhügelburgen in diesem Teil des Landes, allein mindestens elf im Umkreis von Lütjenburg. Das slawische Wagrien, ein Gebiet, das in etwa dem heutigen Kreis Ostholstein entsprach, wurde von den Schauenburger Grafen und ihren adligen Lehnsleuten erobert, um es zu kolonisieren und zu missionieren. Zum Schutz befestigten die Blaublütigen ihre Anwesen mit Ringwall und Wassergraben. Motte *château à motte* wird diese häufigste Befestigungsform auch genannt. Die Turmhügelburg im Nienthal von Lütjenburg ist eine freie Rekonstruktion solch einer mittelalterlichen Wehranlage, bestehend aus Motte und Vorburg. Sie wurde in enger Zusammenarbeit mit dem Archäologischen Landesamt Schleswig-Holstein errichtet. Ein von Mittelalterfreunden gegründeter Verein verwaltet die Burganlage. Als Freilichtmuseum ermöglicht sie Besuchern auch Einblicke in das mittelalterliche Alltagsleben. Dafür sorgen besonders im Sommer Mitglieder verschiedener Vereine der Mittelalterszene, die Besucher in derbe Zeiten entführen …

R.SH -TIPP

Das Eiszeitmuseum Lütjenburg liegt gleich hinter dem nächsten Hügel. Mit spannenden Stationen führt es noch weiter in die Vergangenheit des Naturerlebnisraums Stauchmoränen Hessenstein. Steine- und Fossiliensammler können hier mehr über ihre Funde erfahren.

Informationen Turmhügelburg · ganzjährig unter Einschränkungen geöffnet · Führungen Mai–Sept. Mi, Sa/So 15 Uhr oder nach vorheriger Anmeldung unter Turmhuegelburg @freenet.de oder bei Mandy Baer, Mobil 01 62/ 423 81 67 · Erw. 3 €, Kinder (ab 6 Jahren) 2 € (Burgopfer) · www.turmhuegelburg.de · Schleswig-Holsteinisches Eiszeitmuseum e. V. · www.eiszeitmuseum.de

Anfahrt Von A 1 Ausfahrt Oldenburg in H.-Süd auf B 202 in Richtung Lütjenburg und Panker dann in die erste Straße (Bunendorp) links abbiegen

HESSENSTEIN

Die Aussicht vom Hessenstein genießen

62

Es dürfte der hübscheste Aussichtsturm im ganzen Land sein: Achteckig und gekrönt von einem Zinnenkranz mit gusseisernen Spitzen; im Mauerwerk blitzen kleine bunte Mosaikfenster auf, durch die an sonnigen Tagen farbiges Licht in das Turminnere fällt. Eine gusseiserne Wendeltreppe mit 111 Stufen führt hinauf auf die Aussichtsplattform.

Und dann dieser Blick: Ein Panorama, das bis zu den Werftanlagen Kiels, dem Marine-Ehrenmal Laboe und zur Hohwachter Bucht mit dem Großen Binnensee reicht – bei klarer Sicht sogar bis nach Fehmarn und noch hinüber bis zu den dänischen Inseln Als und Ærø. In südöstlicher Richtung ist durch eine Baumschneise hindurch der Bungsberg zu sehen.

Der denkmalgeschützte Turm selbst ist zwar gerade einmal 17 Meter hoch, doch er steht auf dem sich 128 Meter über dem Meeresspiegel erhebenden Pilsberg, einer eiszeitlichen Stauchmoräne. Er wurde von 1839 bis 1841 im Stil der Neogotik errichtet und 1983 aufwendig renoviert. Für die Besichtigung benötigen Sie eine Ein-Euro-Münze, zu werfen in das Drehkreuz vor der Wendeltreppe.

Der Turm schmückt das Wappen der Gemeinde Panker, zu deren Gebiet auch das mehr als 500 Jahre alte gleichnamige Gut gehört. Das etwa anderthalb Kilometer entfernt liegende Anwesen befindet sich noch heute im Besitz der Adelsfamilie von Hessen, einige der Gebäude sind öffentlich zugänglich. Ein malerisches Ausflugsziel mit dem barocken Herrenhaus, der Schlosskapelle und dem mächtigen Torhaus, Galerien und Geschäften. Dazu gehört auch das Hotel Ole Liese, benannt nach dem Lieblingsreitpferd des Fürsten von Hessenstein. Das Gourmetrestaurant 1797 im ehemaligen Jagdzimmer erhielt 2014 einen Michelin-Stern. Bodenständige Landküche gibt es in den nahe gelegenen Restaurants Landhaus Panker und Forsthaus Hessenstein.

Informationen Gut Panker · 24321 Panker · www.gutpanker.de · 24321 Panker · Tel. 04381/7071 · Ole Liese: www.ole-liese.de

Anfahrt B 76 und B 201 ab Kiel oder B 430 über Plön bis Lütjenburg, dort abbiegen nach Darry/Panker/Hessenstein

63 Die Hohwachter Flunder betreten

Ein 370 Quadratmeter großer Plattfisch schwimmt vor dem Badestrand von Hohwacht. Zumindest erkennt man mit Fantasie das Vorbild der Natur, dem diese besondere Aussichtsplattform nachempfunden wurde: Die »Flunder« ziert den Kurstrand und verwandelt sich bei Events in eine Bühne. Das Highlight ist das Strandleuchten am Neujahrstag.

Die »Hohwachter Flunder« ist mal etwas ganz anderes als die allseits bekannten Seebrücken, die lang und schmal ins Meer ragen. Diese ist breit und fast rund, mit ihrer 24 Meter hohen Stahlkonstruktion steht sie für moderne Architektur. Von einer blau lackierten Röhre (dem »Pylon«) im Zentrum, die eine goldene Kugel krönt, ragen Stahlträger fächerartig über die Ostsee. Die daran hängende Plattform scheint drei Meter über dem Wasser zu schweben. Vom Strand aus führt ein breiter, barrierefreier Steg hinüber, teilt sich kurz zuvor noch einmal und umrahmt die Mittelsäule. Von oben betrachtet, ist dies die Schwanzflosse der Flunder.

Das neue Wahrzeichen des Ostseeheilbades Hohwacht ist auch Mittelpunkt des Geschehens, ob bei Konzerten, Strandgottesdiensten, Auftritten von Solokünstlern oder anderen Veranstaltungen. Und ganz besonders beim Hohwachter Strandleuchten am Neujahrstag: Auf einer Fackelwanderung geht es von Alt-Hohwacht zur Flunder. Dort wird das neue Jahr dann bei Feuerschalen und mit Glühwein und Waffeln am Strand begrüßt.

R.SH -TIPP

Den Flunder-Besuch mit einem Erholungswochenende verbinden: In den Dünen von Hohwacht liegt das Ausschlaf-Hotel Genueser Schiff mit Wellnessbereich und besonderen Arrangements wie einem Verwöhntag im Traumkorb oder Literatur am Meer (www.genueser-schiff.de).

Informationen Tourist-Information Hohwacht · Berliner Platz 1 · 24321 Hohwacht · Tel. 0 43 81/9 05 50 · www.hohwachterbucht.de

Anfahrt Die Hohwachter Bucht liegt an der Ferienroute Alpen-Ostsee (Bundestraße B 202), zu erreichen von Kiel aus oder über die Autobahnabfahrt Oldenburg Mitte (A 1 Richtung Fehrmarn). A 1, Richtung Puttgarden an Lübeck vorbei bis Oldenburg in Holstein (Süd), auf der B 202 15 km Richtung Kiel/Lütjenburg, in Kaköhl rechts abbiegen, nach 7 km erreicht man Hohwacht.

Vom Marine-Ehrenmal Laboe über das Meer schauen

64

Er ist auch das Wahrzeichen der Kieler Förde: Schon von Weitem sichtbar ragt der charakteristische Turm über der Einmündung auf, wie ein »L« geformt und 85 Meter hoch. Eindrucksvoll ist auch der Panoramablick, der sich von ganz oben bietet. Im Inneren informiert eine Ausstellung über das Mahnmal, davor ist das Unterseeboot »U 995« zu besichtigen.

Die an den Buchstaben erinnernde Form des Bauwerks passt zufällig auch zum Standort Laboe, der Gemeinde mit dem schönen Kurstrand. Es befindet sich jedoch im Privatbesitz des Deutschen Marinebundes (DMB) e.V., der es auch pflegt und finanziert. Ein Besuch lohnt sich schon wegen des fantastischen Rundblicks über die Ostsee, die Förde und das Binnenland. Zur Aussichtsplattform führen 341 Stufen und natürlich auch Aufzüge. Außerdem gehören zu der insgesamt 5,7 Hektar großen Anlage die Historische Halle mit einer Ausstellung zur Marine- und Seefahrtsgeschichte und zahlreichen Schiffsmodellen, eine unterirdische Gedenkhalle und eine 7000 Quadratmeter große Freifläche. Eine Kostprobe der Aussicht gibt es per Live-Webcam auf der Homepage.

Ursprünglich wurde das Ehrenmal zum Gedenken an die im Ersten Weltkrieg gefallenen Angehörigen der Kaiserlichen Marine errichtet. Seit es der Deutsche Marinebund zum 30. Mai 1954 wieder übernommen hat, ist es eine Gedenkstätte für die auf See Gebliebenen aller Nationen und gemahnt zugleich an eine friedliche Seefahrt auf freien Meeren.

Am Strand vor dem Marine-Ehrenmal können Sie auch das Technische Museum im begehbaren U-Boot »U 995« besuchen. Das Unterseeboot war im September 1943 bei der Hamburger Werft Blohm & Voss in Dienst gestellt worden. Nach Eintritt in den »Ruhestand« brachten es zwei Schwimmkräne im März 1972 nach Laboe.

Informationen Marine-Ehrenmahl Laboe · Nov.–März tgl. 9.30–16 Uhr, April–Okt. tgl. 9.30–18 Uhr · Strandstraße 92 · 24235 Laboe · Tel. 0 43 43/49 48 49 62 · www.deutscher-marinebund.de

Anfahrt Ab Kiel Bundesstraße B 502 bis Ausfahrt Probsteierhagen/Röbsdorf/Laboe/Brodersdorf, von dort sind es noch ca. fünf Kilometer bis zur Strandstraße.

65 Ganz Schleswig-Holstein in einem Dorf erleben

Es zog von Westerland nach Kiel, um mehr als 300 Jahre später zu neuem Leben zu erwachen: Das Wohnhaus von Lorens Petersen »de Hahn«, der als Walfangkommandeur und damals reichster Sylter in die Geschichte einging. Nach Originalplänen neu errichtet wurden auch die benachbarten Gebäude und Hofanlagen, die ganz andere Dinge zu erzählen haben…

Nordfriesland trifft vor den Toren Kiels noch auf viele andere Regionen: Von der Elbe bis zur dänischen Grenze wurden historische Gebäude zusammengetragen, um im Freilichtmuseum Molfsee lebensnahe Einblicke in die Landesgeschichte zu ermöglichen. Insgesamt sind es rund 70 reetgedeckte Häuser, Hofanlagen und Mühlen samt Mobiliar, Hausrat und Arbeitsgeräten – darunter neben dem Wohnhaus des Sylter Walfangkommandeurs auch ein Fischerhaus aus Gothmund, eine Apotheke von anno dazumal mit Kräutergarten und vieles andere mehr. Die Gebäude und Ausstellungen verteilen sich auf einem 60 Hektar großen Gelände mit Wiesen, Gärten, Feldern und Teichen und sind mit einer Museumsbahn zu erreichen. Dabei werden Ihnen auch Tiere begegnen, so wie man sie damals auf den Höfen hielt, und »echte« Handwerker, die zeigen, was sie können und teils auch ihre Produkte verkaufen: Mit dabei sind der Korbmacher und der Schmied, der Drechsler und Weberinnen. In Museumsgebäuden wie der hauseigenen Meierei, dem Backhaus, der Räucherkate und der Fischräucherei kann man traditionell hergestellte Lebensmittel probieren (unregelmäßig geöffnet). Kinder freuen sich besonders über einen historischen Jahrmarkt mit befahrbaren Karussells und Schiffsschaukel, außerdem gibt es einen großen Spielplatz. Verbinden lässt sich der Besuch mit einem Badeausflug in den nahe gelegenen Naturpark Westensee. Dort sind auch noch historische Dörfer und Adelshöfe zu entdecken.

Informationen Freilichtmuseum Molfsee – Landesmuseum für Volkskunde · Ende März–Ende Okt. tgl. 9–18 Uhr Nov.–Ende März So 11–16 Uhr · Hamburger Landstraße 97 · 24113 Molfsee · Tel. 0431/659660 · www.freilichtmuseum-sh.de · www.naturpark-westensee-obereeider.de

Anfahrt A 7 und A 215 Richtung Kiel, Abfahrt Blumenthal

17
50

66 Zur Kieler Woche den Windjammern winken

Wer sich einen Logenplatz gesichert hat, wird dieses Bild nie wieder vergessen: Die Parade mit mehr als hundert Groß- und Traditionsseglern, begleitet von zahlreichen anderen Schiffen und Booten, verwandelt die Kieler Förde in ein Gemälde, das die gesamte Schönheit der Seeschifffahrt abbildet. Ufer werden zu Tribünen, die Stadt zu einem einzigen Fest.

Angeführt von der hier heimischen »Gorch Fock«, Sinnbild für die maritime Bedeutung der Landeshauptstadt, ziehen Größen aus aller Welt vorbei. Darunter die »Alexander von Humboldt II« mit ihren 1360 Quadratmetern Segelfläche, zahlreiche Gäste wie 2014 die russische Viermastbark »Kruzenshtern« oder das polnische Dreimastvollschiff »Dar Młodzieży« und alles, was sonst noch Bug und Heck hat: Segler in allen Größen, Dampfschiffe, Kreuzfahrtschiffe und Begleitboote jeglicher Art. Dazu steigt die maritime Party auf der Kiellinie, mit rund drei Millionen Besuchern das wohl größte Sommerfest Nordeuropas. Dafür sorgen unter anderem Showbühnen und Gourmetmeilen, Karussells und die »Spiellinie« für Kinder auf der Krusenkoppel. Von der Amüsiermeile aus hat man obendrein die beste Sicht auf die Windjammerparade. Logenplätze gibt es außerdem am Leuchtturm in Holtenau und am Falckensteiner Strand. Am gegenüberliegenden Ostufer zieht es viele Besucher nach Mönkeberg, Kitzeberg und Möltenort. Die Kieler Woche wird übrigens schon seit 1894 unter diesem Namen veranstaltet.

RSH -TIPP

Die RSH-Bühne an der Hörn besuchen: Zehn Tage lang präsentieren wir zusammen mit *delta radio* und *Radio NORA* ein kostenloses Top-Programm Stars wie Sasha, Mike + The Mechanics und Marlon Roudette waren auch schon in Kiel. Das Programm gibt es auf www.rsh.de

Informationen Kieler Woche · Die Windjammerparade findet immer am zweiten Samstag der Kieler Woche statt. Sie beginnt um 11 Uhr · www.kieler-woche.de · Tourist-Information Kiel e. V. · Andreas-Gayk-Straße 31 · 24103 Kiel · Tel. 04 31/67 91 00

Anfahrt **Richtung Kiellinie:** A 7, am Bordesholmer Dreieck weiter auf der A 215 Richtung Kiel/Blumenthal, dieser bis ins Zentrum folgen, Richtung Wik/Holtenau: Ausfahrt 2 Kiel-Mitte, auf B 76 Richtung Eckernförde/Olympiazentrum einfädeln und weiter auf der B 503

delta radio
RSH
Radio NORA
GAS IN

Informationen Aquarium GEOMAR · Tgl. 9–18 Uhr · Erw. 3 €, Kinder 2 €, Familienkarte 9 € · Düsternbrooker Weg 20 · 24105 Kiel · www.geomar.de · Camp 24/7 · www.camp24-7.de · Freilichtbühne Krusenkoppel · www.freilichtbuehne-kiel.de · Seebad und Seebar Düsternbrook · www.seebad-duesternbrook.com Kiel Tourist-Info/Kiel Sailing City (im neuen Rathaus) · Mo–Fr 9.30–18 Uhr, Sa 10–14 Uhr · Andreas-Gayk-Str. 31 · 24103 Kiel · Tel. 04 31/67 91 00 · www.kiel-sailing-city.de

Auf der Kiellinie flanieren

67

Seehunde beim Frühstück begrüßen, selbst ein leckeres Fischbrötchen essen und den Optimisten im Camp 24/7 beim Segeltraining zusehen. Im Fördefreibad kraulen oder einen Feierabenddrink in der Bar auf dem Wasser nehmen: Die maritime Flaniermeile der Landeshauptstadt ist auch außerhalb der Kieler Woche ein Erlebnis.

Die Promenade der Kiellinie beginnt bei der Kunsthalle. Ein Highlight wartet schon gleich zu Beginn: Direkt am Spazierweg tummeln sich Kilius, Sally, Dagmar und Luna in einem Außenbecken. Wer zu den passenden Zeiten kommt, kann auch bei der Fütterung der Seehunde zusehen. Sie gehören zum Aquarium des GEOMAR-Helmholtz-Zentrums für Ozeanforschung Kiel, zu erkennen auch an den Forschungsschiffen direkt vor der Tür. Nur wenige Schritte weiter zeigt die »Sailing City« Kiel, wie sehr ihr dieser Sport am Herzen liegt: Mit dem Camp 24/7 wurde ein besonderes, nicht-kommerzielles Segelprojekt geschaffen. Ziel ist vor allem, Kindern, Jugendlichen und Familien Spaß und Freude am Wassersport zu vermitteln (Segeltrainings Mai bis September, Anmeldung ab ca. März).

In Richtung Düsternbrook wird es grün oberhalb der Kiellinie, schöne Parks und der Stadtwald laden zu Erkundungen ein, darunter auch die Krusenkoppel mit der beliebten Freilichtbühne. Unten am Wasser geht es vorbei an Sportboothäfen und den Gebäuden des Kieler Landtags, an Cafés, Restaurants und Fischimbissen zum Verweilen und Genießen bei Fördeblick.

Zwischen dem Anleger Bellevue und dem Stadtteil Wik steht ein Freibad auf Pfählen mitten in der Förde. Die alte Seebadeanstalt Düsternbrook hat schon Olympiageschichte geschrieben, heute entführt sie zum Kurzurlaub in der Stadt mit Bastschirmen und Sonnenliegen, 60-Meter-Bahn und Sprungbrett. Im Winter kommen Clubmitglieder zum Frostbaden. Im Sommer wird auch Stand-up-Paddling angeboten. Bereits ab April hat die Seebar geöffnet, Kiels wohl einzige Bar auf dem Wasser.

RSH -TIPP

Für Kieler fängt die Kiellinie noch weiter südlich an: Beim Schifffahrtsmuseum als Teil der maritimen Meile. Es wurde im April 2014 neu eröffnet und informiert mit zahlreichen Medienstationen über die maritime Geschichte der Stadt, die Seefahrt und Fischerei. Im Sommer sind hier auch historische Schiffe zu besichtigen.

68 Sehen, wie Nord- und Ostsee sich begrüßen

Die schönste Darstellung des Nord-Ostsee-Kanals versteckt sich am Tiessenkai: Auf einem Bronzerelief über dem Eingang zum Leuchtturm reichen Nordsee und Ostsee sich die Hand in Gestalt von Meerjungfrauen – die eine burschikos, die andere sanftmütig, so verschieden wie die beiden Meere. Ein kunstvolles Erlebnis beim Ausflug nach Holtenau.

Der fotogene Leuchtturm aus Backstein steht am Ende des Tiessenkais auf einem kleinen Hügel. Eingeweiht wurde er im späten 19. Jahrhundert mit der Eröffnung der neuen Wasserstraße, die damals noch Kaiser-Wilhelm-Kanal hieß. Daran erinnert eine Tafel an der Fassade: »Kaiser Wilhelm II. vollzog die Weihe des Nord-Ostsee-Kanals und übergab ihn dem Weltverkehr am 21. Juni 1895«. Im achteckigen Innenraum des Turms befindet sich die Drei-Kaiser-Halle mit Gedenktafeln für ihn sowie seine beiden Vorgänger Wilhelm I. und Friedrich III. Sie alle regierten zu Zeiten des Kanalbaus. Der Eingang zur Halle verbirgt sich rückseitig in Richtung Wasser.

Wer beim Betreten des Raumes nach oben schaut, sieht das Relief mit den beiden Meerjungfrauen, die die Nordsee und die Ostsee versinnbildlichen. Hinter ihnen sind die Leuchttürme der beiden Kanalenden in Brunsbüttel beziehungsweise Holtenau zu erkennen, die Figur der Nordsee wird von Seehund und Hummer begleitet.

An der schmalen Straße zum Leuchtturm gefallen die Kontorhäuser und das ehemalige Kanalpackhaus mit Ladetoren und Luken (und neu eröffnetem Restaurant). Es wurde schon 1784 errichtet, noch zu Zeiten des vorherigen Schleswig-Holstein-Kanals (auch: Eiderkanal), und bis 1978 als Speicher genutzt. Vor dem Gebäude erinnert ein 7,5 Meter hoher Obelisk aus Sandstein an diesen ersten Kanalbau. Schön zum Einkehren ist auch das Schiffercafé gleich um die Ecke.

Der heutige Nord-Ostsee-Kanal (NOK), in der internationalen Schifffahrt »Kiel-Canal« genannt, zählt zu den meistbefahrenen Seeschifffahrtstraßen der Welt.

RSH -TIPP

NOK-Romantika: Zum alljährlichen Lichterfest am NOK im September strömen Tausende von Menschen an die Ufer zwischen Kiel und Brunsbüttel mit Fackeln, Laternen, Kerzen und Teelichtern. Auf dem Wasser gibt es Lichterfahrten. Dieses wundervolle Fest lebt vom Mitmachen der Schleswig-Holsteiner und ihrer Gäste (www.nok-romantika.de)

Informationen Nord-Ostsee-Kanal: www.kiel-canal.org · Auf der Aussichtsplattform in Kiel-Wik können Sie den großen Pötten beim Schleusenvorgang zusehend noch einiges mehr über den Kanal erfahren.

Anfahrt Tiessenkai: Ab Kiel auf die B 76 in Richtung Eckernförde/Olympiazentrum/Flughafen und weiter auf der B 503 bis Ausfahrt Altenholz-Knoop/Kiel-Holtenau. Von dort der Prinz-Heinrich-Straße/Richthofenstraße folgen, rechts abbiegen auf die Kastanienallee und in die Kanalstraße

Einen Bienenkurs in Waabs machen

69

Was ist eine Drohnenschlacht und worin liegt der Wert des Kaltschleuderns? Die Antworten auf solche Fragen erhalten Sie in einem idyllischen Garten auf der Halbinsel Schwansen. Hier bietet Imkerin Agnes Flügel auch Kurse für alle an, die Majas Welt einmal kennenlernen möchten. Außerdem: Seminare für Naturkosmetik und gesunde Bienenluft.

Wo im Frühjahr die Rapsfelder leuchten und der Seewind über Blütenwiesen streicht, schwärmen die Bienen von Agnes Flügel aus, um reich bepackt wieder zurückzukehren. Zu Hause sind sie bei einer Reetdachkate in Waabs, zwischen Apfelbäumen, Blumen und Kräutern. Kursteilnehmer können das emsige Treiben aus der Nähe betrachten. Urlauber wie Tagesgäste kommen zu »Flügelchens kleiner Bienenkunde«, zweieinhalb informativen Stunden bei (essbarem) Bienenstich und Kaffee. An anderen Tagen gibt es das Kurz-Seminar »Flügelchen Schön«. Ergänzend zu dem in der Bienenkunde erworbenen Wissen zeigt dabei eine Kosmetikerin, wie sich Honig und Bienenwachs zu kleinen Schönmachern wie Lippenbalsam oder Handcreme verarbeiten lassen. Und alle Besucher können neuerdings auch mal eine Kostprobe Bienenluft nehmen: Aus einer Atemmaske strömen mit Honig, Propolis und Bienenwachs angereicherte Dämpfe, die Lunge und Bronchien guttun.

Nach einem »ersten Leben« in der Hamburger Medienbranche wagte Agnes Flügel einen Neuanfang als Imkerin und schrieb ein Buch darüber (*Die Honigfrau*, Ludwig-Verlag, 2011). Zusammen mit ihrem Mann fand sie ihr neues Zuhause in dem Dörfchen an der Eckernförder Bucht, um die »Honigmanufaktur Flügelchen« zu gründen. Alle, die kosten möchten, wie süß die Ostseeküste schmecken kann, bekommen in Waabs auch traditionelle Honige, Aroma-Honige mit Bio-Gewürzen und Besonderes wie handgerollte Blütenbomben mit »Saatgut für fröhliche Bienen und glückliche Menschen!«

Informationen Honigmanufaktur Flügelchen · Seestraße · Immenhorst 2 · 24369 Waabs · Tel. 04352/948987 · www.fluegelchen-honig.de · Kurstermine unter News und auf Anfrage

Anfahrt A 7 bis Ausfahrt 8 Rendsburg/Büdelsdorf, dort auf die B 203 bei Borgstedt, der Waabser Chaussee bis Seestraße in Waabs folgen

70 Bei Vollmond im Hochseilgarten klettern

Ist es ein Griff ins Dunkle, gähnt unten die Bodenlosigkeit …? Für Nervenkitzel pur sorgt der Kletterpark in Altenhof an einigen Abenden. Er versteckt sich im Buchenwald bei Eckernförde, ohnehin ein schönes Areal für den beliebten Freizeitspaß. Der lockt auch noch an anderen Küstenorten – in Grömitz etwa mit Blick über die Ostsee.

Wenn der Mond sich magisch in seinem ganzen Rund zeigt, ist auch der Hochseilgarten mit vielen Laternen und Fackeln beleuchtet – und doch steigt die Spannung mit jedem Griff, denn die einzelnen Kletterelemente sind erst kurz vor dem Einstieg erkennbar, die Höhe lässt sich manchmal allenfalls erahnen … Mit einer Lampe auf der Stirn geht es bis zu 20 Meter hoch in die Wipfel, über Hängebrücken, Drahtseile und Netze, und Seilbahnfahrten führen ins Ungewisse. Auch bei Tageslicht ist der Natur-Hochseilgarten an der Eckernförder Bucht einen Ausflug wert. Und für Menschen mit Handicap gibt es dort besondere Erlebnisangebote.

Alle, die einmal aus einer ganz anderen Perspektive auf die Ostsee schauen möchten, fahren nach Grömitz zum Kraxelmaxel-Park. Dort gibt es zum sportlichen Vergnügen den Blick über das weite Wasser. In Höhen zwischen vier und zehn Metern verteilen sich 60 Kletterstationen, darunter auch besonders originelle wie ein Holzschlitten als Seilbahn. Der Blick geht über den Strand bis zum Yachthafen, über die Ostsee bis nach Travemünde und an die mecklenburgische Küste. Das Kletterareal gehört zur 2011 neu geschaffenen Freizeitanlage mit Erlebniszentrum am Lensterstrand.

Weitere schöne Kletterwälder gibt es in Kiel am Falckensteiner Strand, bei Grömitz (Lensterstrand), in Scharbeutz und in Travemünde. So kann man auch auf kurzem Weg immer einen finden oder sich einmal die gesamte Küste entlanghangeln – mit immer wieder neuen Eindrücken.

Informationen Hochseilgarten Altenhof · Am Bahnhof 14 · 24340 Altenhof bei Eckernförde · www.hochseilgarten-eckernfoerde.de · Ostsee Kletterpark Grömitz · www.kraxelmaxel.de, e, www.waldhochseilgarten-scharbeutz.de

Anfahrt Die Bushaltestelle »Alter Bahnhof« Altenhof befindet sich ca. 250 m vom Hochseilgarten entfernt.

71 In Eckernförde Muschel-Memory spielen

Was für eine schöne Idee: Unter Bechern verstecken sich verschiedenste Schalen und Gehäuse von Meeresbewohnern, und es gilt sie sich gut zu merken … Das ist nur eine von vielen tollen Erlebnisstationen im Ostsee Info-Center, in dem Gäste aller Altersgruppen das Baltische Meer noch besser kennenlernen können – und dies garantiert mit viel Spaß!

Das Ostsee Info-Center (OIC) ist am Beginn der Promenade beim Yachthafen zu finden. Hier kann man mit allen Sinnen eintauchen in den Lebensraum Ostsee mit seinen Bewohnern, Besonderheiten und Geheimnissen. Außer dem Merkspiel mit Muscheln (frei nach dem berühmten Original von Ravensburger) gibt es noch vieles zu erkunden und entdecken. An weiteren Stationen können etwa bei einem physikalischen Experiment Wellen erzeugt werden, und anhand eines riesigen Modells aus Plastik ist ein Seestern einmal von innen zu betrachten. In einem offenen Becken können Besucher Plattfische und andere Tiere der Eckernförder Bucht vorsichtig streicheln. Das wahre Wesen der Quallen offenbart sich in einem verdunkelten Raum mit erleuchteten Aquarien. Über ernstere Themen wiederum informieren Bereiche wie »Müllkippe Ostsee«. Im zugehörigen Shop gibt es Ostsee-Souvenirs und Lehrreiches wie Fischbestimmungstafeln. Außerdem sind im OIC Lebensräume wie die Steilküste dargestellt. Und gleich nebenan am Kurstrand kann man die Eindrücke in die Praxis umsetzen.

RSH -TIPP

Auch das UIC besuchen: Zum UmweltInfoZentrum am nahen Windebyer Noor (andere Hafenseite) gehört auch eine Schutzstation für Eichhörnchen – Eckernfördes Wappentier. Gäste sind willkommen (Spende erbeten)! (www.eichhoernchen-eck.de)

Informationen Ostsee Info-Center (OIC) · April–Okt. tgl. 10–18 Uhr, Nov.–März Di–So 11 bis 17 Uhr · Erw. 4 €, Kinder 2 € · Jungfernstieg 110 · 24340 Eckernförde · Tel. 0 43 51/72 62 66 · www.ostseeinfocenter.de

Anfahrt B 76 ab Kiel oder Schleswig oder über die A 7 Abfahrt Rendsburg-Büdelsdorf und die B 203. Parkplätze im Binnenhafen oder am Kurstrand (gebührenpflichtig)

Mittelmeer

Informationen Auf den Spuren der Sprotte. Broschüre des Vereins zur Erhaltung der Eckernförder Altstadt e.V. · erhältlich über die Tourist-Information · Am Exer 1 · 24340 Eckernförde · Tel. 0 43 51/7 17 90 · www.ostseebad-eckernfoerde.de · Alte Fischräucherei Eckernförde e.V. · Gudewerdtstraße 71 · 24340 Eckernförde · www.alte-fischraeucherei.de

Auf der Homepage gibt es auch Infos zum aktuellen Stand und bereits mögliche Besichtigungen und Führungen.

Anfahrt B 76 ab Kiel oder Schleswig oder über die A 7 Abfahrt Rendsburg-Büdelsdorf und die B 203.

Den Spuren der Sprotte folgen

72

Das golden geräucherte Fischlein hat Tradition – nicht nur in Kiel, auch in Eckernförde. Vor rund 100 Jahren war das schöne Hafenstädtchen einer der bedeutendsten Fischerei- und Fischräuchereistandorte an der Ostsee. Ein informativer und unterhaltsamer Rundgang zu 13 historischen Schauplätzen. An einem davon entsteht eine Museumsräucherei, die bereits zu besichtigen ist.

Wo noch heute einige hübsch restaurierte Fischerhäuschen stehen, dampfte es damals an allen Ecken: In Altonaer Öfen wurde geräuchert, was das Zeug hielt, 1890 gab es in Eckernförde 29 Fischräuchereien und 360 Fischer. Die Geschichte dieser Tradition können Sie auf einem entspannten Rundgang durch die Altstadt erleben. Das Faltblatt *Auf den Spuren der Sprotte* führt zu 13 historischen Stationen zum Thema Fisch und Fischräucherei bei den jeweiligen Gebäuden informieren Schautafeln über weitere Hintergründe. Los geht es beim zwischen 1909 und 1981 betriebenen Hafenfeuer, Ziel ist die noch immer unter Vollrauch gefahrene Räucherei Rehbehn & Kruse am Jungfernstieg. Dazwischen liegen weniger bekannte Orte wie alte Räucherhäuser, der Rote Speicher oder die ehemalige Sägerei und Fischkistenfabrik Eldagsen.

Den Sprotten-Flyer, der 2014 in dritter Auflage erschienen ist, bekommen Sie gratis in der Tourist-Information an der Strandpromenade sowie im Tourist-Point Kieler Straße. Bei gemütlichem Tempo dauert der Rundgang ungefähr eine halbe Stunde.Eine Station ist die ehemalige Räucherei Hopp in der Gudewerdtstraße 71. Und dort tut sich etwas: Das Gebäudeensemble verwandelt sich in eine Museumsräucherei. Der Verein Alte Fischräucherei Eckernförde e.V. hat es mit Unterstützung der Stadt Eckernförde erworben, um der alten Räucherei wieder Leben einzuhauchen. Die Gebäude werden restauriert, eine Ausstellung entsteht und in den Altonaer Öfen soll zu Schauzwecken wieder geräuchert werden.

RSH -TIPP

Zwischendurch etwas Süßes: Eine der ehemaligen Räuchereien (Station Nr. 4) ist heute ein Paradies für Naschkatzen: In der Frau-Clara-Straße 22 befindet sich die Bonbonkocherei von Familie Hinrichs mit Schauküche und Spezialitätengeschäft. Vor den Augen der Besucher entstehen Qualitätsbonbons in alter Handwerkskunst (www.bonbonkocherei.de).

73 Mit dem Gottorfer Globus reisen

Schloss Gottorf mit seinen beiden Landesmuseen und den berühmten Moorleichen ist immer wieder ein Erlebnis. Dafür ist der weiße auf einer Insel gelegene Prachtbau von Schleswig allseits bekannt. Nicht jeder aber weiß, dass man im zugehörigen Barockgarten etwas ganz Seltenes erleben kann: Eine Fahrt in einer historischen Himmelskugel.

Der nördlich der Schlossinsel gelegene Barockgarten ist besonders schön zu erleben, seit 2014 ein akustisch untermalter Spaziergang hindurchführt. Angelegt wurde der Garten zur Blütezeit der Gottorfer Residenz unter Herzog Friedrich III. Dazu gehörte auch das Lusthaus, und das Konstrukt, das dort mit einzog, galt als kosmologische Sensation: Eine drei Meter große, sich drehende Weltkugel, in die man einsteigen konnte. Das von Kerzen erhellte Sternentheater zeigte außen die Kartografie und innen das Firmament des 17. Jahrhunderts. Das gefiel auch Peter dem Großen (1672–1725): Nach dem Großen Nordischen Krieg verlangte der erste Kaiser des Russischen Reiches den Gottorfer Globus als Geschenk. Er ließ die kostbare Kugel nach St. Petersburg bringen, wo sie sich noch immer befindet. Ihre Rekonstruktion ist heute im Globushaus zu finden. Besucher können darin fahren wie damals: Einsteigen und über den Kosmos staunen. Unbedingt sollten Sie bei der Gelegenheit auch Schloss Gottorf besichtigen: Es verrät viel über die Vergangenheit des Landes.

RSH-TIPP

Als Familie Schloss Gottorf entdecken: Für Kinder gibt es eigene Audioguides, in denen die »Schlosseule Kunigunde« und der »Hund Allard« das Schloss der Gottorfer Herzöge erklären. Mit der »Ratte Ratto« und »Maulwurf Mona« geht es dann auf eine archäologische Reise.

Informationen Barockgarten Schloss Gottorf · April–Okt. Mo–Fr 10–17 Uhr, Sa/So 10–18 Uhr · Schlossinsel 1 · 24837 Schleswig · Tel. 0 46 21/81 32 22 · www.schloss-gottorf.de · Globushaus · Erw. 7 €, Familienkarte 15 €

Anfahrt A 7 bis Abfahrt Schleswig/Jagel, dann über die Bundesstraße B 76 noch ca. 5 km bis zur Schlossinsel

Informationen Sankt-Petri-Dom · Norderdomstraße · 24837 Schleswig · www.schleswiger-dom.de, www.schleswig.de

Anfahrt A 7 bis Abfahrt Schleswig-Jagel, dann über die Bundesstraßen B 77 und B 76 bis Ausfahrt Schleistraße. Der Dom ist ausgeschildert.

Den Schleswiger Dom besichtigen

74

Schon von Weitem ist der schlanke Turm sichtbar. Vom gegenüberliegenden Schleiufer aus betrachtet krönt er ein postkartenreifes Motiv mit vorbeiziehenden Segelschiffen. Das Wahrzeichen Schleswigs sollte jeder auch einmal von innen besichtigt haben. Sehenswert ist außerdem die den Dom umgebende Altstadt mit der Fischersiedlung Holm.

Mit 112 Metern ist es der zweithöchste Kirchturm Schleswig-Holsteins (nach dem Lübecker Dom). Von der Aussichtsplattform auf etwa halber Höhe bietet sich ein herrlicher Blick bis weit über die Schleswiger Altstadt hinaus. Die Architektur des Sankt-Petri-Doms mit ihren Kunstwerken spiegelt wider, wie viele Epochen ihn prägten, wie sich der um 1100 begonnene romanische Bau in die heutige gotische Hallenkirche mit den Spitzbogenfenstern verwandelte. Prominentes Herzstück ist der Bordesholmer Altar von Hans Brüggemann, ein Meisterwerk der europäischen Holzschnittkunst (ab 1514). Etwas ganz Besonderes ist im hinteren Außenbereich zu entdecken: Die *Löwengrube* mit wilden Raubtierszenen, Löwen mit bleckenden Zähnen und ihrer Beute, Kälbern oder Stieren. Die Bildquader stammen noch vom mittelalterlichen Vorgängerbau des Doms und wurden im 13. Jahrhundert kurzerhand im Fundament verbaut. Die heutige Bischofskirche stand zeitweise auch für weltliche Macht, nachdem das Bistum Schleswig 1658 säkularisiert worden war. Davon berichten die Fürstengruft der Herzöge von Gottorf und weitere Grabmäler sowie Grüfte der Hofbeamten und Offiziere.

Auch die Altstadt rund um den Dom ist einen Bummel wert mit dem schmuckvoll sanierten Marktplatz und schönen Cafés. Von dort sind es nur wenige Schritte bis zur Fischersiedlung Holm, dem wohl malerischsten Winkel Schleswigs. Die schmuck restaurierten Häuser der Zunft gruppieren sich kreisförmig um den alten Fischerfriedhof mit Kapelle. Dazu gibt es die Fotodokumentation »Der Holm in Vergangenheit und Gegenwart«, die als Dauerausstellung im kleinen Holm-Museum (Süderholmstraße 2) untergebracht ist.

Ein Besuch in der »Hauptstadt der Schlei« mit ihren 1200 Jahren Kulturgeschichte lohnt sich natürlich auch wegen ihrer touristischen Highlights wie Schloss Gottorf und das Wikingermuseum Haithabu. Regelmäßig gibt es in Schleswig auch besondere Kulturveranstaltungen wie die »Wikingertage« und den Weihnachtsmarkt im Kreuzgang des Doms.

75 Eine Eselwanderung unternehmen

Noch eine schöne Gelegenheit, die Schlei zu überqueren, ist die Fähre von Missunde. Wundern Sie sich nicht, wenn auch Esel mit an Bord sind: Die Langohren gehören dann ziemlich sicher zur nahe gelegenen »Eselkoppel« – und können auch Sie auf einer Wanderung begleiten. Ein tolles Naturerlebnis für die ganze Familie.

Im nahe gelegenen Brodersby nämlich bietet Barbara Becker unter anderem geführte Wanderungen mit den Tieren an. Von der Eselkoppel sind es nur wenige Schritte bis zur Schlei, die hier im Sommer auch einen Badestrand hervorzaubert. Die Wanderpfade führen dann durch die Baumsäume der Knicks entlang der Felder, durch verträumte Dörfer und Wälder, immer wieder ans Wasser und auch zu Geheimtipps zum Einkehren. Wenn Kinder dabei sind, kommt Sultan mit, eine kleine Eselstute, die für jeden Schabernack zu haben ist. Gibt es einmal etwas mehr zu tragen, zum Beispiel ein Picknick, so ist die stämmige Eseldame Wanda mit ihrem Packsattel dabei. Und wer möchte, übernimmt auch mal den Führstrick. Zur Herde von Barbara Becker gehören außerdem Wallach Willi und die junge Stute Käthe. Die Hauswirtschafterin und Pädagogin organisiert auf der Eselkoppel auch Kindergeburtstage, eine »Gourmet-Küche« aus dem Dutch-Oven am Lagerfeuer und die alljährliche »Brodersbyer Kürbisweltmeisterschaft« – freestyle, bei der alle Hobbygärtner mitmachen können.

RSH -TIPP

Vor der Wanderung noch den Eselführerschein machen, denn »Autofahren kann ja jeder« (O-Ton Barbara Becker). Zusammen mit den Langohren sind einfache und kniffligere Aufgaben zu bewältigen. Und anschließend versteht man die Tiere umso besser!

Informationen Eselkoppel · Strandweg · 24864 Brodersby · Tel. 0 46 22/15 87 · www.eselkoppel.de

Anfahrt A 7 bis Schleswig-Schuby, von dort der B 201 folgen und der Schleidörfer Str. bis Burger Weg in Brodersby, dort in den Strandweg abbiegen (die Eselkoppel ist ausgeschildert).

76 An der Schlei zum Abenteurer werden

Im Mittelalter zogen die Schiffe der Wikinger über die Schlei, war dies doch ein wichtiger Seehandelsweg. Noch heute zeigt sie sich verschlungen und geheimnisvoll. Leihen Sie sich ein Boot und folgen Sie dem Meeresarm in große Abenteuer… Plötzlich ist am Ufer ein großes Tipi zu sehen, doch keine Sorge: Dieser Stamm ist friedlich.

Das Indianerzelt mit Feuerstelle gehört zum Camp der Globetrotter-Jugendabteilung »Event Nature«, genauso wie die umliegenden Blockhütten, ein eigener Bootssteg mit Segelschiff und Kajaks und eine große Spielwiese. Vor allem Kinder und Jugendliche, aber auch Erwachsene können sich hier einmal in der »Wildnis« ausprobieren und dabei Nützliches für das (Über-)leben lernen: einen Erdofen bauen zum Beispiel, Feuer machen mit den Mitteln der Natur oder Spuren lesen im Wald. Regelmäßig gibt es auch erlebnispädagogische Feriencamps oder etwa Segel- und Kajakkurse für Kinder, außerdem Tagesaktionen wie Lagerfeuer mit Schnitzen und Stockbrot. Bei einigen Aktionen werden auch »Hilfsmittel der Zivilisation« eingesetzt, etwa beim Geocaching, Axtwerfen, Bogenschießen oder kollektivem Schwitzen in der Zeltsauna.

Das Outdoor-Camp befindet sich direkt am Anleger der Fähre, die nach Arnis übersetzt, ist also durchaus auch ohne Buschmesser zu finden. Dort lädt auch der zur Globetrotter Akademie gehörende Biergarten Schleiwelle zur Einkehr und zu verschiedenen Veranstaltungen ein – vom Kinderfest über Aktivitätstage für die ganze Familie im Sommer bis hin zum Nikolaus-Besuch im Dezember (aktuelle Termine siehe Homepage).

Zur Globetrotter Akademie gehört auch der Hauptsitz im Naturpark Hüttener Berge mit der neuen »Globetrotter Lodge« am Aschberg. Hier vereint sich Hotelkomfort mit einem vielfältigen Outdoor- und Trainingsprogramm.

Informationen Globetrotter Lodge und Akademie · www.globetrotter-akademie.de, www.globetrotter-lodge.de · Jugendabteilung Event Nature · Mühlenberg 4 · Tel. 0 46 44/ 9 73 71 70 · www.eventnature.de

Anfahrt Ab Schleswig über die Bundesstraßen B 201 (Nordufer der Schlei) oder die B 76 bzw. B 203 über Eckernförde (Südufer der Schlei)

Tentipi

Informationen www.arnis.de · Schlei-Fähre März–Nov. tgl. 7–19, im Sommer bis 22 Uhr (Änderungen möglich)

Anfahrt Ab Schleswig über die Bundesstraßen B 201 (Nordufer der Schlei mit Arnis) oder die B 76 bzw. B 203 über Eckernförde (Südufer der Schlei). Parkplatz am Ortseingang Arnis

Durch Deutschlands kleinste Stadt bummeln

77

Sie ist so klein wie ein Dorf und ist doch keins: Arnis mit seinen rund 300 Einwohnern besitzt seit 1934 das Stadtrecht. Von Stress und Hektik aber ist man hier weit entfernt, und das Auto sollte bitte draußen parken. Zu Recht wird der alte Fischerort auch die »Perle der Schlei« genannt. Auf einem Rundweg zeigt er sich von all seinen schönen Seiten.

Arnis ist nur knapp einen halben Quadratkilometer groß, also in jeder Hinsicht die kleinste Stadt im ganzen Land. Schon das Ortsschild mit der Bezeichnung »Stadt Arnis« räumt jegliche Zweifel aus. Den Titel verdankt es einer Gebietsreform, bei der einige Ortschaften, die zuvor als »Flecken« mit eingeschränktem Stadtrecht bezeichnet worden waren, zur Stadt erhoben wurden. Der damalige Bürgermeister Peter Holstein setzte durch, dass auch Arnis mit dabei war.

So ist Arnis wohl auch die einzige Stadt mit dem Charme eines Fischerdorfes. Seine schmucken Häuser gruppieren sich auf einer Halbinsel, liebevoll gestaltete Gärten säumen die Wasserseiten, mittendurch verläuft ein öffentlich zugänglicher Rundweg. Auf diesem malerischen Spaziergang können Sie Arnis einmal umrunden und auch besonders schöne Fotomotive finden. Der Parkplatz kurz vor der Stadt ist ein guter Startpunkt (und es wird vor Ort darum gebeten, diesen auch zu nutzen). Sich immer am Wasser haltend, geht es durch die Gärten, vorbei auch an Bootsstegen, ausliegenden Fischernetzen und kleinen Werften. So kommt man schließlich ins genauso schmucke Ortszentrum, folgt der Lange(n) Straße mit ihren alten Häusern, viele davon mit Fachwerk und Utluchten. Es gibt eine Galerie, eine Töpferei und weitere kleine Läden. Sehenswert ist auch die 1673 erbaute Schifferkirche mit der Grabplatte einer Kapitänsfamilie und historischem Friedhof. Im Altarraum hängen Votivschiffe aus dem 18. und 19. Jahrhundert – Dankesgaben von aus Seenot geretteten Schiffern. Und: Arnis hat sogar einen eigenen Badestrand. Wie die Stadt ist er klein und charmant.

RSH -TIPP

Winzig und ein Erlebnis ist auch die Schleifähre, die Arnis mit dem gegenüberliegenden Sundsacker verbindet. Sie verkehrt während der Sommersaison, nimmt einzelne Pkws mit und wird auch gern von Spaziergängern und Radwanderern genutzt. Bei beiden Fährstationen gibt es schöne – und in Arnis noch weitere nette Einkehrmöglichkeiten.

78 Steine bestimmen an der Schleimündung

Bei Donnerkeilen und Hühnergöttern erkennen viele Schleswig-Holsteiner sofort, worum es sich handelt. Kniffeliger wird es bei den unterschiedlichen eiszeitlichen Geschieben und selteneren Fossilien. Nach einer Mitmachaktion im Naturerlebniszentrum (NEZ) Maasholm ist man schlauer. Ein Besuch lohnt sich auch wegen der Ausstellung.

Dort, wo man sich als Sonnenanbeter fast wie ein Fakir auf dem Nagelbrett fühlen würde, hat die Ostsee ihre schönsten Fossilien versteckt, vor allem versteinerte Seeigel und Donnerkeile, die fossilen Schalen urzeitlicher Tintenfische. Auch findet man hier eiszeitliche Geschiebe in allen Farbtönen und den »Hühnergott«, also die markanten Feuersteine mit Loch. Sie heißen so, weil sie früher aufgereiht an einer Schnur in den Hühnerstall gehängt wurden. Der Wind erzeugte ein Geräusch, das den Fuchs vertrieb.

Diese Schätze liefern die Steilküsten, bei Sturmfluten werden Sand, Kies und Steine abgetragen und entlang der Küste transportiert. So entstand Schleimünde, also die heutige Lotseninsel an der Schleimündung, unter anderem durch den Abbruch des Schönhagener Kliffs im Süden – eine wahre Schatztruhe also für Sammler. Was genau da so alles zu finden ist, können Sie bei der Mitmachaktion Steinkunde und Strandfunde erleben, die das Naturerlebniszentrum (NEZ) Maasholm anbietet. Es befindet sich nahe dem Vogelschutzgebiet Oehe-Schleimünde. Unter dem Motto »Meer Natur erleben« gibt es hier während der Saison ein buntes Naturerlebnis-Programm mit weiteren Aktionen wie Keschern für Kinder, Bernsteinschleifen oder einer Rallye durch den Naturerlebnisraum. Zum NEZ gehören auch eine Erlebnisausstellung, ein Wind-Wasser-Küsten-Spielplatz und ein großes Freigelände. Hin führt ein zwei Kilometer langer Fußweg mit Lehrpfad, für den am Parkplatz auch Leihfahrräder (gegen eine Spende) bereitstehen.

Informationen Naturerlebniszentrum (NEZ) · Exhöft-Seeberg 1 · 24404 Maasholm · www.naturerlebniszentrum.de · Ansprechpartner: Dipl. Biologin Kirsten Giese · Tel. 04354/809587 · kirsten_giese@web.de

Anfahrt Von Kappeln auf der B 199 Richtung Flensburg, in Höhe Kieholm rechts abbiegen in Richtung Maasholm. Am Wanderparkplatz des NEZ beginnt der 2 km lange Lehrpfad (Fußweg ca. 30 Minuten).

Informationen www.heringstage-kappeln.de · Tourist-Information (in der Windmühle Amanda) · Schleswiger Straße 1 · 24376 Kappeln · Tel. 04642/4027 · Schlei Museum · Mittelstraße 7 · 24276 Kappeln · Tel. 04642/1428 oder 82117 · www.schleimuseum.de

Anfahrt Über die B 201ab Schleswig oder die B 203 ab Eckernförde (B 203). Parkplatz im Hafen von Kappeln (direkt an der B 203)

Bei der Kappelner Heringswette gewinnen

79

Wie ein großes »W« liegt er vor der Klappbrücke in der Schlei: Der Ellenberger Heringszaun ist der letzte seiner Art. Bei den Kappelner Heringstagen darf die historische Reusenkonstruktion zeigen, was sie kann. Höhepunkt ist das große Schätzen des Fanggewichts. Aus der Promiwette geht das Heringskönigspaar hervor, bei der Bürgerwette kann jeder mitmachen.

Das viertägige Stadtfest steigt seit 1979 an jedem Himmelfahrtswochenende – zur für Kappeln »fünften Jahreszeit«, in der die Heringe sich zahlreich in der Schlei tummeln. Es beginnt mit dem Einholen der Netze am Heringszaun, ein Moment, den alle mit Spannung erwarten: Wer hat zuvor richtig getippt? Zur »Promiwette«, bei der es um das Gewicht des Fangs in Pfund geht, lädt der Verschönerungsverein Kappeln jeweils bekannte Persönlichkeiten aus der Region ein. Die Sieger werden für ein Jahr zum Heringskönig oder zur Heringskönigin gekrönt. Bei der »Bürgerwette« gilt es die Stückzahl des Tagesfangs zu schätzen. Teilnehmen kann jeder, der sich ein Los für einen Euro kauft und dabei seine Schätzung abgibt. Es gewinnen die Losnummern, die der Zahl der gefangenen Heringe am nächsten kommen. Auf die Gewinner warten Präsente, die von der Kaufmannschaft gespendet wurden. Der Reinerlös kommt dem Erhalt des Heringszaunes zugute. Denn der ist etwas ganz Besonderes und einmalig in Europa, wenn nicht sogar weltweit. Die Reusen-Konstruktion gab es Quellen zufolge bereits im Jahr 1482, sie überlebte als letzter von insgesamt 38 Heringszäunen, die sich noch im 17. Jahrhundert in der Schlei befanden – so viele sind in der »Dankwerthschen Schleikarte von 1648« (ausgestellt im Schlei Museum) zwischen Schleimünde und Arnis verzeichnet. Mit den Zäunen wurden schon damals Heringe abgefangen, die zum Laichen die Schlei hinaufschwammen. Der Verschönerungsverein Kappeln engagiert sich dafür, dieses einzigartige Denkmal des Fischfangs zu erhalten. Ein Besuch im fotogenen Hafen von Kappeln lohnt sich immer auch für einen Promenadenbummel, ein frisches Fischbrötchen oder eine Ausflugsfahrt.

R.SH -TIPP

Südlich der Klappbrücke können Sie während der Saison in die Angelner Dampfeisenbahn steigen. Eine herrliche Möglichkeit, um durch die malerische Landschaft bis nach Süderbrarup oder Lindaunis zu fahren (Fahrzeiten siehe www.angelner-dampfeisenbahn.de)! Auch bei Kombifahrten mit dem Schleiraddampfer (www.schleiraddampfer.de).

80 Den Koniks auf der Geltinger Birk begegnen

Für Pferde-Laien klingt der Name nach Außerirdischen, doch so heißt eine Rasse, deren seltene Vertreter Sie hier antreffen können: In der Geltinger Birk sind echte Wildpferde hautnah zu erleben. Vier schöne Wanderrouten führen durch das Naturschutzgebiet, zu dem auch die Mühle Charlotte und der Leuchtturm Falshöft gehören.

Die Geltinger Birk ist ein Naturparadies mit sattgrünen Wiesen und Wäldern, Wasserläufen und Seen. Hier leben die Koniks gemeinsam mit schottischen Hochlandrindern in einem weitläufigen, offenen Weidegebiet. Sie wurden zur Landschaftspflege angesiedelt – als lebende Rasenmäher sozusagen. Die Koniks, eine bedrohte Wildpferderasse, sind Nachkommen der Tarpane, die viele Jahrhunderte in Nord- und Osteuropa lebten. Rund 60 Tiere umfasst die Herde inzwischen, hinzukommen jährlich rund zwanzig Fohlen. Damit die Zahl überschaubar bleibt, werden einige Jungpferde in kundige Hände abgegeben. Ein Verein kümmert sich um die Population und ermöglicht Führungen (Juli–Sept.), bei denen man ganz nah an die Tiere herankommt. Treffpunkt ist die reetgedeckte Mühle Charlotte. Das 1826 durch den Rittmeister von Hobe vom Gut Gelting errichtete Flügelbauwerk steht am Eingang des Naturschutzgebietes beim Geltinger Noor.

Ohnehin ist eine Tour durch die 773 Hektar große Birk ein Erlebnis. Vier gut markierte Rundwanderwege führen durch die abwechslungsreiche Landschaft: »Eule«, »Konik«, »Hochlandrind« oder »Möwe« heißen die entsprechend markierten Routen unterschiedlicher Länge (3 bis 13,3 km). Am Nordweststrand der Lehminsel Beveroe informiert eine NABU-Hütte über die Tiere und Pflanzen. Bekannt ist die Geltinger Birk wegen des Leuchtturms Falshöft, einer wie aus dem Bilderbuch, rot-weiß geringelt und auch (nach Vereinbarung) zu besichtigen. Er steht am östlichen Ende der Halbinsel. Dort lädt auch ein Badestrand zur Erfrischung ein. In Richtung Flensburg lohnt sich außerdem das Habernisser Moor.

RSH -TIPP

Vor der Mühle Charlotte kann man in einer Holzhütte einkehren: Am Birk-Kiosk gibt es hausgemachte Suppen, frisch gebackene Kuchen und andere Leckereien. Auf dem Dach wachsen Pflanzen, damit sich der Kiosk in die Natur fügt. Während der Saison meist von Dienstag bis Sonntag geöffnet (10–18 Uhr), abhängig auch von der Witterung.

Informationen Wildpferde Geltinger Birk e. V. · Gisela Vierling · Mobil 01 62/3 16 62 23 · vierling.wittkiel@t-online.de · www.wildpferde-geltinger-birk.de · Führungen zu den Wildpferden Juli–Sept. Do 15 Uhr, sowie je ein Termin in den Oster- und Herbstferien, ab Birk-Kiosk, Dauer ca. 2–3 Std. · die Führungen sind kostenlos, Spenden erbeten (kommen dem Projekt zugute) · NABU-Infohütte auf der Lehminsel Beveroe (auch Führungen) · Tel. 0 46 43/18 94 74

Anfahrt Ab Flensburg oder Kappeln über die B 199, Parkplätze am Geltinger Noor oder bei Falshöft (jeweils am Ende der Zufahrtsstraße)

81 An der Ostsee eine »Watt«-Wanderung machen

Bei Glücksburg befindet sich ein ganz besonderer Vergnügungspark: Hier kann man statt Achterbahn zu fahren mit der Sonne um die Wette strampeln, statt Lose zu ziehen Antworten auf spannende Fragen bekommen. Knobeln ist bei der wohl einzigen »Watt-Wanderung« an der Ostsee angesagt. Zugleich ist dies ein Ort für nachhaltige Ideen.

In Deutschlands erstem Energie-Erlebnispark gibt es Zukunftstechnik zum Anfassen. An mehr als 30 Stationen können Tüftler ab sieben Jahren ausprobieren, wozu erneuerbare Energien fähig sind. Spannend ist etwa das Kochen mit Sonnenstrahlen über dem Parabolspiegelkocher. Und wer mit Leibeskraft Wasser zum Brodeln bringt, weiß, wie viel Power in ihm steckt. In der neuen Sonnenkuppel ist zu erspüren, wie der Treibhauseffekt funktioniert, außerdem erfährt man, ob Wasser auch bergauf fließen kann, wie viel ein Kilowatt wiegt und vieles mehr. Mehrere Themenwege führen durch den Park: Auf der schwarzen Wegstrecke ist zu erleben, wie sich eine Energieform in eine andere verwandeln kann. Ab der Sonnenuhr an der gelben Strecke geht es um die effektive Nutzung fossiler und den Einsatz regenerativer Energie. Zeitleisten im sternförmigen Wegenetz informieren über die Geschichte der Energienutzung.

Der artefact Powerpark ist obendrein ein spannendes Terrain zum Ausprobieren und Entwickeln von Zukunftsvisionen.

RSH -TIPP

Noch mehr Physik erleben in der Phänomenta Flensburg (direkt neben dem Nordertor): In der zur Universität Flensburg gehörenden Experimentierausstellung kann man etwa in einem Weltraumtrainer ausprobieren, welche Kräfte auf den Körper eines Astronauten wirken.

Informationen artefact Powerpark · April–Sept. Mo–Fr. 9–18 Uhr, Okt., Sa/So/Feiertage 10–18 Uhr · Erw. 4 €, Kinder bis 16 Jahre 3 €, Familienkarte 10 Euro · Bremsbergallee 35 · 24960 Glücksburg · Tel. 04631/61160, www.artefact.de · Energie-Rallye (mit Anmeldung) für Gruppen ab 10 Kinder (bis 16 Jahren) 5 €/Kind, ab 10 Erw. 6 €/Erw. · Tourist-Information Glücksburg · Tel. 04631/40770 · www.gluecksburg.de

Anfahrt Ab Flensburg über die B 199 oder die Fördestraße. Der artefact Powerpark liegt am östlichen Ortsrand von Glücksburg und ist ab dem Ortszentrum ausgeschildert.

Das Glücksburger Wasserschloss bewundern

82

Seine schwanenweißen Türme spiegeln sich im stillen See, gerahmt vom Grün der Parkanlagen. Der Anblick des Wasserschlosses aus der Renaissance, das sich auf einer kleinen Insel erhebt, verzaubert umgehend. Glücksburg gilt als die Wiege europäischer Königshäuser. Noch heute hat Schleswig-Holstein einen Prinzen und eine Prinzessin.

Das Wasserschloss wurde von 1582 bis 1587 errichtet. Im Eingangsportal grüßen die namensgebenden Worte »Gott gebe Glück mit Frieden – GgGmF«. Im Schlossmuseum ist Mobiliar der Adelsfamilien zu besichtigen, vor allem aus dem Rokoko und der Biedermeierzeit, außerdem eine beachtliche Gemäldesammlung, niederländische Tapisserien und Goldtapeten. Von April bis Oktober werden besondere Führungen angeboten. Einblicke in die Flirtgeschichten der Blaublütigen gewährt die Führung »Flirt im Schloss Glücksburg« (Termine siehe Homepage). Etwas Besonderes sind auch die sommerlichen Konzerte im Schloss, das übrigens auch für Familienfeste, Tagungen und Trauungen offen steht. Für das leibliche Wohl gibt es das Café und Restaurant im Schlosskeller.

Das Wasserschloss wird von Angehörigen der Adelslinie verwaltet: Christoph Prinz zu Schleswig-Holstein, vermählt mit Prinzessin Elisabeth aus dem Hause Lippe-Weissenfeld, ist Vorstand der zugehörigen Stiftung. Auch Elisabeth Prinzessin zu Ysenburg und Büdingen aus dem Hause Schleswig-Holstein engagiert sich.

RSH -TIPP

Schön für Ausflüge ist auch die sechs Kilometer lange Halbinsel Holnis, die bei Glücksburg beginnt – mit einer wilden Steilküste, Lagunenseen, Salzwiesen und dem beliebten Sandstrand Holnis Drei. Rund130 Vogelarten sind in einem Naturschutzgebiet zu beobachten.

Informationen Schloss Glücksburg · Mai–Okt. Mo–So 10–18 Uhr, ab Nov. Sa/So 11–16 Uhr, sonst eingeschränkte Öffnungszeiten · Erw. 8 €, Kinder (6–16 Jahre) 3 €, Familienkarte 16 € · 24960 Glücksburg · www.schloss-gluecksburg.de · reguläre Führungen 10 €, Sonderführungen können mehr kosten · Rosarium seaside-garden · Am Schlosspark 2b · 24960 Glücksburg · Tel. 046 31/6 01 00 · www.seaside-garden.de

Anfahrt Ab Flensburg über die B 199 oder die parallel verlaufende Nebenstrecke (Fördestraße), großer Parkplatz vor dem Wasserschloss

Informationen Salondampfer »Alexandra« · Schiffbrücke 22 · Büro Mi/Fr 14–18 Uhr · Tel. 0461/2 12 32 · www.dampfer-alexandra.de oder www.viking-schifffahrt.de, www.fahrgastschiffe-flensburg.de, www.flensburger-faehr-betrieb.de

Anfahrt A 7 und B 200 bis Flensburg, dann der Abzweigung Richtung Innenstadt/Hafen folgen. Die Straße Zur Exe führt direkt an die Hafenspitze.

Auf Fördefahrt gehen wie die Petuh-Tanten

83

Wie herrlich eine Förderundfahrt ist, wussten schon redselige Flensburger Damen im 19. Jahrhundert. Sie kauften sich ein Dauerticket, um plaudernd eine Runde nach der anderen zu drehen. Noch heute ist es eine der schönsten Möglichkeiten, die nördlichste Stadt des Landes zu erleben – besonders stilecht im Salondampfer »Alexandra«.

Allerdings – wegen der tollen Panoramablicke auf den Flensburger Hafen und die schöne Fördelandschaft unternahmen diese Damen die Fahrt wohl kaum. Vielmehr traf man sich auf den Dampfschiffen zu Kaffee und Klönschnack. Was genau aber dabei gesprochen wurde, würde heute kaum noch jemand verstehen. Vielleicht aber kennen Sie einige Worte: »Watn Aggewars!«, zum Beispiel, seufzt noch immer der eine oder andere Flensburger, wenn ihm etwas zu viel wird. Dies also ist der waschechte Petuh-Dialekt, eine Mischung aus Plattdüütsch, Dänisch und Hochdeutsch und benannt nach den besagten Damen auf den Fördeschiffen. Denn weil diese sich so unglaublich viel zu erzählen hatten, lösten sie meist gleich eine Dauerkarte, ein sogenanntes »Partoutbillet«– und aus *partout* wurde in der Mundart *Petuh*.

Heute bevölkern vor allem Touristen die Fördeschiffe, und es ist eine ziemlich gute Idee, sich dem anzuschließen. Bei dieser kleinen Seefahrt kann man zum Beispiel auch in Glücksburg von Bord gehen, dort ein paar schöne Stunden verbringen und dann mit einem anderen Schiff zurückfahren. Auch das Fahrrad darf (gegen Aufpreis) mit. Die Touren können je nach Anbieter variieren. Zur typischen Route gehören außer Glücksburg der Yachthafen Sonwik, der Strand von Solitüde und eine Umrundung der dänischen Ochseninseln. Die Fördeschiffe starten an der Schiffbrücke in der Flensburger Hafenspitze. Darunter auch der 1908 gebaute Salondampfer »Alexandra«, seinerzeit getauft von Prinzessin Alexandra zu Schleswig-Holstein-Glücksburg höchstpersönlich.

RSH -TIPP

Gegenüber der Schiffsbrücke dem Geplauder von Petuh-Tanten im Salon eines Fördedampfers lauschen – im neu gestalteten Schifffahrtsmuseum (www.schifffahrtsmuseum.flensburg.de)! Und falls Sie selbst einmal Petuh schnacken möchten: auf www.petuhschnacker.de gibt es ein kleines Wörterbuch!

84 Krabben auf einem Kutter pulen

Klar: Schleswig-Holsteiner sollten wissen, wie man die Tierchen heile aus der Schale bekommt. Viele haben den dafür erforderlichen »Dreh« auch raus. Am schönsten ist das Pulen direkt auf dem Kutter – aus dem Meer in den Mund. Krabbenfangfahrten starten etwa in Schlüttsiel und natürlich in Büsum, wo Sie obendrein ein Krabbenmuseum besuchen können.

Das Pulen und Probieren ist der Höhepunkt einer Krabbenfangfahrt, erlebnisreich aber ist sie bereits zuvor: Die Gäste an Bord erfahren alles über die Fangtechniken, und wenn sich die prall gefüllten Netze zu beiden Seiten des Kutters triefend aus dem Wasser heben, tummelt sich allerhand darin: neben der Nordseegarnele, also der Krabbe, die dann aufs Brötchen kommt, auch Fische, Krebse, Muscheln und Schnecken. Sie werden in ein kleines Meerwasserbassin sortiert, sodass alle sie in Ruhe betrachten können. Der Kapitän erklärt sachkundig, worum es sich im Einzelnen handelt. Die Krabben werden dann gekocht und – noch warm – ausgepult. Verspeisen darf man sie natürlich auch. Je nach Anbieter können sich die Fahrten unterschiedlich gestalten, etwa auch mit einem Wattenschifferpatent, das kleine Fahrgäste vom Kapitän bekommen. Krabbenfangfahrten sind von mehreren Nordseehäfen aus möglich, so auch ab Schlüttsiel und Wyk auf Föhr.

Eine der größten Krabbenkutter-Flotten Schleswig-Holsteins bevölkert den Fischereihafen von Büsum – schon der Name des Ortes steht für diese Feinkost. Hier können Sie die Meeresfrüchte auch fangfrisch direkt vom Boot kaufen. Das *museum am meer* zeigt den Alltag der Küstenfischer und informiert über die Krabbenverarbeitung – mit Blick auf die moderne Krabbensiebanlage im Hafen und virtueller Fahrt auf einem Krabbenkutter. Und wer einfach nur den schönsten Ausblick auf den Büsumer Hafen genießen möchte, setzt sich auf das Sofa und lauscht dabei dem Hörspiel »Fischer Kalle erzählt«. Vom Leuchtturm bis zum Museum informiert ein fischereigeschichtlicher Spaziergang über den Krabbenfang.

RSH -TIPP

Vorher Krabbenpulen lernen wie ein Profi: Krabbenpul-Kurse gibt es zum Beispiel im Packhaus Tönning. Im Rahmenprogramm spielen Musiker wie die Eiderenten, die Strandräuber und der Männergesangverein Harmonie Hattstedt auf. Die Krabbenpuler haben auch eine eigene Homepage: www.krabbenpulen.in-tönning.de

Informationen Ab dem Büsumer Hafen sticht regelmäßig die »MS Hauke« der Reederei H. G. Rahder in See, ab dem Hafen Schlüttsiel sowie Wyk auf Föhr die »Hauke Haien« der Reederei Bernd Diedrichsen · Weitere Informationen zu den Krabbenfang-Fahrten und Tickets bei der Tourist-Information Husum · Großstr. 27 · 25813 Husum · Tel. 04841/89870 · www.husum-tourismus.de · *museum am meer* · März–Nov. Di–Fr 11–17 Uhr, Sa 13–17 Uhr, So 11–17 Uhr · Am Fischereihafen 19 · 25761 Büsum · Tel. 04834/6734 · www.museum-am-meer.de

Eine Urkunde beim Anbaden bekommen

85

Der Mut, sich bei wenigen Grad Wassertemperatur ins Meer zu stürzen, wird nicht überall auf dem Papier bescheinigt, aber belohnt wird er immer: mit dem Gefühl intensivster Erfrischung und der Bewunderung der zuschauenden Warmduscher. Oder auch mit einem wie weggeblasenen Neujahrskater. Ob Nordsee oder Ostsee, Gelegenheiten gibt es reichlich.

In Travemünde etwa bekommen mutige Anbader auch eine Urkunde. Zur Stärkung gibt es traditionell Brote mit Holsteiner Katenschinken und ein Glas Rum sowie heißen Kakao für die Kinder. Livemusik sorgt für Stimmung. Und es ist ein ganz besonderes Fest: Hier geht es im historischen Badedress ins Wasser, in Pluderhosen und mit Badekappen, die Kulisse dafür bilden nostalgische Badekarren. Damit würdigt man auch die Bedeutung des Ortes als drittältestes deutsches Ostseebad – nach Heiligendamm und Boltenhagen in Mecklenburg-Vorpommern. Mit dem alljährlichen Anbaden im Mai wird in Travemünde offiziell die Sommersaison eingeläutet.

Auch in Niendorf am Timmendorfer Strand hat das Anbaden im Mai Tradition als offizieller Start in die Badesaison. Seit mehr als 20 Jahren steigt dort das feuchtfröhliche Spektakel am Himmelfahrts-Wochenende. Rund um den Seebrückenvorplatz, den neuen »Niendorfer Balkon«, gibt es ein buntes Programm.

In vielen anderen Küstenorten indes versteht man unter Anbaden etwas ganz anderes, nämlich »die einzig wahre Art, am Neujahrsmorgen nüchtern zu werden«. Das passiert mit dem Sprung in das mitunter nur zwei Grad kalte Wasser schlagartig und wird an der Ostsee zum Beispiel in Damp zelebriert. Auch an der Nordsee geht es rund am Tag nach Silvester: So wird die Badesaison in Büsum am 1. Januar eröffnet, genauso auch in Wyk auf Föhr – und auf Sylt feiert man das Anbaden am Kliff von Wenningstedt.

Informationen Travemünde Tourismus · Tel. 0451/8899700 · www.travemuende-tourismus.de · Tourist-Service Timmendorfer-Strand e.V. · www.niendorf-ostsee.de/strand24 · Damp Touristik GmbH · Tel. 04352/80666 · www.sh-tourismus.de/de/damp-touristik-gmbh · Tourismus Marketing Service Büsum GmbH · Tel. 04834/9090 · www.buesum.de/service · Tourist-Information Wyk · www.foehr.de ·

86 Sich vom Wind über Wasser treiben lassen

Wie großartig ist das denn: Gleich zwei Meere und dazwischen weite Binnenseen, die beste Bedingungen bieten, um Segel zu setzen, sich per Surfbrett oder Kiteboard fortzubewegen … Wasser hat man im glücklichsten Bundesland der Welt immer in seiner Nähe. Mit Weltregatten und World Cups sind auch passive Sportfreunde hier bestens versorgt.

Allein rund 300 Sportboothäfen gibt es an den Küsten von Nord- und Ostsee, im Binnenland laden Gewässer wie der Große Plöner See und der Ratzeburger See zum Wassersport ein. Wo also fängt man da nur an? Auch wenn es viele geeignete Plätze gibt: Grundsätzlich sind die ruhigere Ostsee und die Seen als Segel- und Surfrevier eher für Einsteiger geeignet als die raue Nordsee mit ihren Gezeiten. In vielen Ferienorten gibt es Kurse. Mit dem Camp 24/7 in Kiel ist obendrein ein besonderes, nicht-kommerzielles Segelprojekt für Familien vertreten (siehe auch Kapitel 67 Kiellinie). Unter anderem können Sie dort beim »Open Camp« an Wochenenden und Feiertagen auch spontan den Segelsport hautnah erleben. Im Stundentakt wird gestartet, vom Kuttertörn bis zum Schnuppersegeln, für Optimisten ist alles möglich. Mit einem Engagement wie diesem und der legendären Kieler Woche wird die Landeshauptstadt aus gutem Grund auch die »Sailing City« des Nordens genannt. An der Kiellinie liegen zwei Megayachten des America's Cup für rasantere Mitfahrten.

Die Nordsee wiederum punktet mit wunderschönen, anspruchsvolleren Revieren wie der Insel- und Halligenwelt und der Hochsee vor Helgoland, die selbst unter den weltbesten Seglern als echte Herausforderung gilt. Mit der Nordseewoche jährlich zu Pfingsten ist hier die größte deutsche Hochseeregatta zu erleben. Auch beim Wind- oder Kitesurfen liegt die Nordsee ganz weit vorn, mit Wettbewerben wie dem Surf Cup Sylt und dem Kitesurf World Cup in St. Peter-Ording.

Es geht aber auch gemächlich über die Nordsee, etwa als Gast auf der »Ronja«, dem Husumer Nachbau eines alten Wattenmeer-Seglers. Auch in vielen anderen Häfen in Schleswig-Holstein setzen historische Schiffe regelmäßig während der Sommersaison die Segel und nehmen gern Gäste mit – etwa die 1853 gebaute »Rigmor von Glückstadt«, das älteste fahrbereite hölzerne Segelschiff Deutschlands.

Informationen Infos zu den Kieler Woche-Fahrten, Segeltörns auf Museumsschiffen und America's Cup-Yachten erteilt die Tourist-Information Kiel · Andreas-Gayk-Straße 31 · 24103 Kiel · Tel. 04 31/67 91 00 · www.kiel-sailing-city.de · Segelcamp Camp 24/7 in Kiel: www.camp24-7.de · Museumshafen Flensburg: www.museumshafen-flensburg.de · Segelschiff »Ronja«: www.pfahlewer.de · Nordseewoche Helgoland: www.nordseewoche.de · Infos zu den zahlreichen Surfspots in Schleswig-Holstein: www.surfspot.de · Kitesurf World Cup SPO: www.kitesurfworldcup.de · Surf Cup Sylt: www.worldcupsylt.de

87 Sich fangfrischen Fisch vom Kutter holen

Aus dem Meer in die Pfanne: Das ist an den Küsten Schleswig-Holsteins kein Schnack. Man muss nur wissen wo, und dabei hilft eine tolle Initiative: Auf einer stets hochaktuellen Homepage können Sie sich über die Anlandungen des Tages informieren und im jeweiligen Hafen einkaufen. Es ist auch ein Projekt für Küstenschutz und Nachhaltigkeit.

Hier kommt der Fisch noch direkt vom Kutter. Oft nur wenige Stunden vorher aus der Ostsee gezogen, kann man ihn genau dort erstehen, wo er das erste Mal »Land sieht«: im Fischereihafen, in der Marina, manchmal sogar am Strand. Wo genau, erfahren Sie auf der Homepage www.fischvomkutter.de. Das dynamische Informationsangebot richtet sich gleichermaßen an Einheimische, Urlauber und Gastronomen, die frisch und gesund kochen wollen. Täglich erscheinen die aktuellen Anlandungen als News-Meldungen auf der Startseite, außerdem steht dort auch ein Icon zum Versenden der Infos auf das Smartphone bereit, damit man die neuesten Informationen auch unterwegs abrufen kann. Die Anlandeorte liegen vor allem rund um Schleswig und Kiel sowie auf Fehmarn, Sylt und Amrum.

Das Portal richtet sich genauso auch an die Fischer mit aktuellen Warnmeldungen zur Winterrast von Meeresvögeln oder zum Vorkommen von tauchenden Meeresenten, damit diese Gebiete zum Schutz der Tiere gemieden werden können.

Fisch direkt vom Kutter ist als regionales Produkt nachhaltig und in der Regel auch günstiger als Fisch aus der Kühltheke. Etwas flexibel muss man als Verbraucher dabei allerdings sein: Manchmal verhindert ein Sturm die Fangfahrt, oder es ist gerade Schonzeit für den Dorsch oder einfach keine Saison für Hering. Dafür kann man sich überraschen lassen von dem, was der Fischer wohl Schönes mitbringt.

Informationen Alle Anlandeorte der Initiative Fisch vom Kutter im Überblick, aktuelle Anlandungen auf www.fischvomkutter.de · Burgstaaken/Fehmarn · Dagebüll · Fahrdorf · Geversdorf/Oste · Heiligenhafen · Hohwacht/Lippe · Kalifornien · Kiel Dietrichsdorf · Laboe · List auf Sylt · Möltenort · Schleswig Holm · Schleswig Stadthafen · Schleswig Strandhalle · Schönberger Strand · Steenodde/Amrum · Strande · Warnemünde · Wendtor

Beim Biike-Brennen Wintergeister vertreiben

88

... und Teil eines Kulturerbes werden. Denn als solches gelten die am 21. Februar lodernden Riesenfeuer seit 2014 in Deutschland. Und das Publikum gehört nun einmal dazu. Das ursprünglich nordfriesische Fest mit Walfängertradition wird heute auch mancherorts an der Ostseeküste gefeiert.

Das Original mit dem zündenden Spruch »Tjen di Biiki ön« (Zünde die Bike an) stammt aus Sylt: Inselweit gehen am Abend des 21. Februar hoch aufgetürmte Holzstöße nach diesem Ruf in Flammen auf. Tausende von Zuschauern, die als Fackelzug aus den Dünen kamen, stimmen in die Sylter Hymne »Üüs Söl'ring Lön« ein. Die Worte entstammen der Sylter Heimatsprache Sölring. Sie gehört hier genauso zur Biiketradition wie der Grünkohl, natürlich serviert mit Bratkartoffeln und Schweinebacke, Kassler oder Kochwurst. Der friesische Begriff »biike« bedeutet so viel wie Bake, also Feuerzeichen. Ursprünglich nämlich wurden die Feuer zum Abschied der Walfänger entfacht. Die Frauen zündeten sie entlang des Strandes an, um den fahrenden Männern noch lange sicheres Geleit zu geben. An der Westküste lässt sich dieser Brauch bis ins 17. Jahrhundert zurückverfolgen. Darum gehört in ein echtes Biike-Feuer auch eine Tonne, die beim Abbrennen unter großem »Hallo« umfällt. Für manche ist dies auch eine Verkörperung des Winters, der damit (ähnlich wie bei den Osterfeuern) ausgetrieben wird.

Das schleswig-holsteinische Volksfest, das traditionell am Vorabend des Petritags (22. Februar) begangen wird, hat seit 2014 denselben Status wie zum Beispiel der Rheinische Karneval: Es wurde in das nationale Verzeichnis des immateriellen Kulturerbes aufgenommen. Biike-Feuer gibt es an der Nordsee etwa auch auf Föhr und Amrum oder in Tönning. An der Ostsee feiert man es unter anderem in Wasserleben bei Flensburg und in Eckernförde.

Informationen Alle Orte, an denen Biike-Brennen stattfinden auf www.nordseetourismus.de/alle-biikefeuer-am-21februar · Auch Ausflugsfahrten mit dem Schiff werden vielerorts zu den Biike-Brennen angeboten – ein ganz anderer Blick auf das Geschehen. Zum Beispiel mit Adler-Schiffe ab Sylt oder Nordstrand · www.adler-schiffe.de/fahrplaene/ab-sylt/biike-brennen.html

89 Einem Froschkonzert lauschen

Wenn Solisten wie die Knoblauchkröte oder die Rotbauchunke aufspielen, hält das Publikum den Atem an, und auch die Natur ringsum scheint zu schweigen. Ein besonderes »Kulturereignis« ist jährlich im Frühjahr an wechselnden Spielstätten zu erleben: Die Balzgesänge an küstennahen Teichen, gefördert von der Stiftung Naturschutz Schleswig-Holstein.

Es sind Inszenierungen wie »Der Froschkönig von Stodthagen« oder »Schüchterne Kröten am Sehlendorfer Binnensee«, die das Schleswig-Holstein Froschkonzert-Festival zu einem Kulturereignis machen, das zu jeder Spielzeit zahlreiche Besucher anzieht. An mehreren Abenden lädt die Stiftung dazu ein, diesen besonderen Sängern zu lauschen – etwa in der Geltinger Birk, im Wasservogelreservat Wallnau auf Fehmarn oder in Stodthagen bei Felm, wo die Naturschützer zahlreiche Teiche wieder hergerichtet und neu angelegt haben. Dabei wird das Stiftungsland zur Open-Air-Bühne, auf der stimmgewaltige Froschlurche in einen leidenschaftlichen Sängerwettstreit treten: Sie quaken, hupen, trillern und knurren aufgrund von noch unerfüllter Liebe, dem Stoff, aus dem die großen Opern sind. Nur Buhlende, deren Stimme wagemutig und laut erklingt, werden zu ihrer Angebeteten finden.

Je nach Veranstaltungsort treten unterschiedliche Solisten auf, unter anderem auch die Erdkröte, der Grasfrosch und der Moorfrosch. Zum grandiosen Eröffnungskonzert verpflichtet die Stiftung stets Stars unter den Tenören wie die stimmgewaltige Knoblauchkröte. Ob die Sänger in Stimmung kommen, hängt vom Wetter ab. Doch auch bei leisen Tönen sind diese Naturführungen ein Erlebnis. Über Termine, Treffpunkte und Anfahrtsskizzen informiert der Spielplan auf der Homepage. Eine Kartenreservierung ist nicht erforderlich, doch denken Sie an Ihre Taschenlampe: Die Konzertsäle werden allein vom Mondlicht beleuchtet.

Informationen Froschkonzerte gibt es unter anderem in der Geltinger Birk, auf Fehmarn, im Raum Eckernförde-Kiel und am Bistensee bei Itzehoe. **Spielplan Schleswig-Holstein Froschkonzert-Festival:** www.stiftungsland.de · Weitere Informationen auch bei Margrit Meusel, Tel: 0431/2109090, meusel@sn-sh.de

11
4,6
Wedel
Moorrege
19
1,4
über
17
7,7
Pinneberg
Tornesch
12
5,1
Am Mühlenteich

Sich auf den Ochsenweg begeben

90

Und zwar auf dem Fahrrad, denn dies ist eine der schönsten Routen in Schleswig-Holstein. Auf historischer Spur geht es von Wedel bis nach Flensburg und noch weiter bis nach Dänemark. Dabei radelt man durch vielfältige Landschaften und Naturschutzgebiete, entspannt bei wenig Steigung, auf einer an Eindrücken umso reicheren Strecke.

Keine Sorge, hier setzt Ihnen niemand Hörner auf. Die bekommen Sie unterwegs allenfalls zu sehen: An markanten Stellen der Route (etwa in Niehuus bei Flensburg) wurde ein Denkmal aus zwei mächtigen, sich kreuzenden Hörnern gesetzt. Noch im 19. Jahrhundert waren tatsächlich Ochsen und anderes Vieh auf dem insgesamt 245 Kilometer langen Landweg unterwegs, angetrieben von den Bauern zwischen Dänemark und Norddeutschland. Auch Ritter, Soldaten, Kaufleute, Pilger und Bettler nutzten die zentrale Strecke im Laufe der Jahrhunderte. Schon immer war hier also jede Menge los. Inzwischen sind besonders viele Drahtesel auf der Route unterwegs. Der Fernradwanderweg bedeutet auch eine Reise durch Schleswig-Holsteins landschaftliche und kulturelle Vielfalt. Es geht durch weite Moorgebiete und Marschlande, vorbei an Seen und entlang an Flüssen, durch Wälder und die typisch norddeutschen Wiesen- und Heidelandschaften. Genauso aber auch durch Ortschaften wie die Tuchmacherstadt Neumünster oder Rendsburg mit der Schwebefähre.

RSH -TIPP

Die Tour mit Sightseeing verbinden: Der Ochsenweg führt unter anderem vorbei am Wikingermuseum Haithabu und dem Danewerk, am Rosarium in Uetersen, am Wildpark Eeckholt und Schloss Gottorf – also auch an vielen in diesem Buch beschriebenen Orten.

Informationen Der Fernradwanderweg beginnt in Wedel. Er teilt sich in Uetersen in eine östliche und westliche Route, die kurz vor Rendsburg wieder zusammengeführt wird, und dann auf dem Geestrücken über Schleswig bis Flensburg führt. Im dänischen Jütland führt der Weg unter der Bezeichnung »Hærvejen« weiter bis nach Viborg. Weitere Informationen zum Ochsenweg gibt es beim Schleswig-Holstein Binnenland Tourismus: Tel. 0 46 38/2 10 88 80 · info@schleswig-holstein-binnenland.de · www.sh-binnenland.de

bet-at-home
.com
10
Nord
Schrott
erima

Bei einem Handballspiel mitfiebern

91

Das Land des Wassersports ist auch hier ganz weit vorn: Mit dem THW Kiel und der SG Flensburg-Handewitt hat Schleswig-Holstein gleich zwei der stärksten Teams im Welt-Handball. Da schäumt mal nicht das Meer, da kochen und brodeln die Hallen – Spätestens jetzt wird jeder zum Fan. Besonders, seit die SG dem THW gefährlich nah auf den Leib rückt…

Am heißesten geht es her, wenn sich die beiden Teams gegenüber stehen, wie etwa schon damals beim legendären Champions-League-Finale 2007. Es war spannend bis zur letzten Minute: Nach einem 28:28 beim Flensburger Heimspiel konnten sich die Kieler beim Rückspiel mit 29:27 erstmals diesen Pokal sichern. Der womöglich »erkaufte Sieg« sorgte für ein juristisches Nachspiel mit großem Medienecho. Immer wieder spannend ist die Frage, ob es der Spielergemeinschaft aus Handewitt gelingt, den Spitzenreiter vom Thron zu holen.

Noch gilt der THW Kiel, kurz für Turnverein Hassee-Winterbek, als die erfolgreichste Handballmannschaft Deutschlands – auch bekannt als die »Zebras« wegen ihrer schwarz-weißen Trikots. Bis 2014 konnte die Mannschaft zahlreiche Titel erreichen, darunter das Triple der Saison 2011/2012: Meister mit 68:0 Punkten, DHB-Pokalsieger und Champions-League-Gewinner 2012. In der Saison 2013/14 legte das Team zum 19. Mal als Deutscher Meister nach.

Doch die SG Flensburg-Handewitt ist auf dem Vormarsch: bis 2014 zehn Mal Deutscher Vizemeister, Deutscher Meister 2004, unter anderem auch DHB-Pokalsieger 2003, 2004 und 2005 und Champions-League-Finalist 2004 und 2007. Und dann der Meilenstein: Im Endspiel der Champions League 2014 setzte sich die SG Flensburg-Handewitt gegen den Favoriten THW Kiel durch, holte den Sieg mit 30:28. Für den Club ist es der bislang größte Erfolg der Vereinsgeschichte. Weitere dramatische Derbys und Finalspiele der beiden Top-Mannschaften dürften folgen – fiebern Sie mit!

Informationen THW Kiel · Ziegelteich 30 · 24103 Kiel · Tel. 0431/67 03 90 · www.thw-handball.de · SG Flensburg-Handewitt · Schiffbrücke 66 · 24939 Flensburg · Tel. 0461/16 09 60 · www.sg-flensburg-handewitt.de · Der Handballverband Schleswig-Holstein e. V. (HVSH) ist die Dachorganisation des Handballs in Schleswig-Holstein. www.hvsh.de

92 Im Heißluftballon über das Land schweben

Leuchtende Rapsfelder, Weiden und Wälder werden immer kleiner, verwandeln sich in Muster, die die Baumreihen der Knicks wie grüne Linien säumen: Schleswig-Holstein als großer Teppich. Ganz da hinten ist schon das Meer zu sehen. Und wie still es hier oben ist… Ballonfahren gilt als »sanftes Abenteuer«. Es zeigt das Land auf unvergleichbare Weise.

In beinahe lautloser Fahrt geht es über die verschiedenen Landschaften. Manch einer soll bei der Ballonreise auch schon zu neuen Erkenntnissen gelangt sein, weil aus der Distanz heraus vieles anders aussieht, Raum, Zeit und Farben zu ganz anderen Eindrücken verschmelzen. Andere nutzen die einmalige Gelegenheit, um kreativ zu werden: Die wechselnden Perspektiven und besonderen Lichtstimmungen sind optimal zum Fotografieren oder auch für Videoaufnahmen.

Eine Ballonfahrt kann jeder mitmachen, unabhängig vom Alter. Viele starten, wenn die Stimmung in der Natur am schönsten ist: entweder morgens bei Sonnenaufgang oder ungefähr zwei Stunden vor Sonnenuntergang. Angetrieben vom Wind steigt der Ballon dann in wechselnden Höhen, insgesamt dauert eine Fahrt eine bis eineinhalb Stunden. Unten begleiten geländegängige Fahrzeuge die Tour, um für die Rückreise schon am Landeplatz bereitzustehen. Mit der anschließenden Ballonfahrertaufe und einer Urkunde bleibt das Erlebnis lange in Erinnerung.

R.SH -TIPP

Auch mit dem R.SH-Ballon können Sie das schönste Bundesland der Welt von oben betrachten. Durchgeführt werden diese Fahrten von Thomas Ballonreisen. Und es gibt immer mal wieder solche Reisen bei uns zu gewinnen. Also, wie die Ballonfahrer sagen: »Glück ab, gut Land!«

Informationen Thomas Ballonreisen · Rendsburger Landstr. 132 · 24113 Kiel · Tel. 0431/685473 · www.thomasballonreisen.de

Anfahrt Stets in Absprache mit Thomas Ballonreisen

RSH
Radio
Schleswig-Holstein

Kälber füttern und im Heu schlafen

93

Dies und noch vieles mehr machen landesweit zahlreiche Erlebnis-Bauernhöfe und einige Heuherbergen möglich. Oft handelt es sich um Ferienhöfe, auf denen Gäste ein Wochenende oder auch einen ganzen Urlaub verbringen können. Teils aber ist man dort auch auf Tagesgäste eingestellt, etwa mit Aktionen für Kinder oder Treckerfahrten mit Picknick.

Kinder erfahren dabei etwa wo Hühner schlafen, warum Kühe immerzu kauen und ob eine Kuh mit Hörnern gleich ein Stier ist. So hat der Erlebnisbauernhof in Hüsby bei Schleswig einen Miniclub für Drei- bis Sechsjährige eingerichtet, mit Spielen im Heu, viel Bewegung an der frischen Luft und Tieren wie Kälbern, Kaninchen, Meerschweinchen und Katzen. Außerdem bietet der Hof Jahreskurse für Kids an, Esel- und Ziegenwandern und einen Spielkreis für die Allerkleinsten (ab 1,5 Jahren). Viele Hofaktionen sind für die ganze Familie toll. An der Eider nahe Heide etwa lädt der Kastanienhof von Hohenlieth zu Landpartien ein: bei Hofführungen, Kindergeburtstagen, Familiennachmittagen und vor allem Treckerfahrten mit Picknick – etwa eine Fahrt ins Dörplinger Moor und Ausflüge zum Thema »Kiebitz und Co« oder Hintergründigem wie »Vertragsnaturschutz und Weidetiere« bei einer Fahrt durch die Heuwiesen. Apropos: Schlafen im duftenden Heu, aufwachen, weil der Hahn kräht … Das geht in rund 20 Heuherbergen in Schleswig-Holstein, auf denen man auch in das Landleben eintauchen kann.

RSH -TIPP

Beim Ackergliding über den Acker gleiten: Diese neue »Sportart« bietet Hof Schlossblick am Plöner See seinen Übernachtungsgästen an. Zu Ferien auf dem Bauernhof gehören hier unter anderem auch Jeep-Touren, Quad und Reiten (auch therapeutisch). www.hof-schlossblick.de

Informationen Erlebnisbauernhof Hüsby · Silke Falkowski · Moorweg 1 · 24850 Hüsby · Tel. 04621/850323 · Mobil 0173/6073674 · silke@erlebnis-bauernhof.com · www.erlebnis-bauernhof.com · Mini-Club Mo 15–17 Uhr, 8 € pro Kind · Anmeldung erforderlich · Kastanienhof · Nicole Bernack · Hohenlieth 51 · 25794 Pahlen · Tel. 04803/1492 · nicole@kastanienhof-hohenlieth.de · www.kastanienhof-hohenlieth.de · Heuherbergen in Schleswig-Holstein: Übersicht mit vielen Infos auf www.heuherbergen.de

94 Durch ein Maisfeld irren

Wer auf dem Land groß geworden ist, kennt das Vergnügen, sich als Kind im grünen Dschungel eines Maisfelds zu verstecken. Die hinterlassenen Spuren jedoch riefen bei den Bauern nicht unbedingt Begeisterung hervor. Heute kann jeder guten Gewissens dem Spaß nachgehen und dabei noch vieles mehr erleben. Dafür sorgen inzwischen verschiedene Höfe.

Ein Urgestein unter den Maislabyrinthen ist Sieversdorf nahe Plön: Jahr für Jahr wächst dort ein jeweils völlig anderes Mais-Labyrinth auf rund zehn Hektar Fläche, immer wieder angereichert mit neuen Rätseln: Mal geht es auf »Wildschweinjagd« im Maisdickicht, mal lebt eine riesige Krake in den Tiefen des Maismeeres, und es gilt herauszufinden, was sie mit ihren langen Tentakeln gefangen hält… Auf dem Hof gibt es Platz zum Spielen und Toben mit Strohburg, Torwand, Menschenkicker und Rollbahn.

Regelrecht trendig – passend zum nahen Hamburg – gibt sich das Maislabyrinth in Jersbek: Zum sommerlichen Verwirrspaß gehören hier auch ein Beach-Club, Konzerte, Partys, Kleinkunst, Stunts und Pyrotechnik, außerdem ein »Platz der Spiele« und ein buntes Kinderprogramm. Im »Labyrinth des Schreckens« verlieren Besucher begeistert die Orientierung, oder es ist der Maistresor zu knacken.

An der Nordseeküste sprießt ein Labyrinth auf dem Grethof, einem Ferienbauernhof bei Büsum.

RSH -TIPP

Noch spannender ist es, im Dunkeln durch ein Maisfeld zu irren, wenn schauerliche Bewohner ihr Unwesen treiben. Das geht in Sieversdorf (Nachtwanderungen in der Regel im September) und in Jersbek bei Events wie »Schrecklich schön« – der Freitag oder den »Gruselnächten«.

Informationen Maislabyrinth Sieversdorf · Preetzer Landstraße 8 · 24211 Sieversdorf · Tel. 0 43 42/8 19 45 · www.maislabyrinth-sieversdorf.de · Maislabyrinth Jersbek · 22941 Jersbek · Tel. 0 15 73/9 29 04 73 · www.einlabyrinthimirrgarten.de · Ferien auf dem Grethof · www.grethof.de

Anfahrt Sieversdorf: A 1 bis Ausfahrt Preetz/Flintbek, der Hauptstraße bis Preetzer Landstraße folgen. Jersbek: A 1 bis Dreieck Bargteheide über Langenhorst und Jersbeker Str. bis Jersbek
Grethof: A 23 bis Ausfahrt 2 Heide-West, dann der B 203 bis Heider Str. in Büsum folgen

95 Schleswig-Holstein als Pferdeland erleben

Wattenmeer, Ostseestrand oder Landschaften wie die Probstei – so vielfältig und schön wie das Land sind auch die Reitmöglichkeiten in Schleswig-Holstein. Ein wahres Mekka für alle, die den Sport erlernen möchten oder schon fest im Sattel sitzen. Pferdebegeisterte können sich auch über Events wie die Baltic Horse Show oder die VR-Classics freuen.

Es gibt so viele gut und liebevoll geführte Reiterhöfe im Land, dass man ein ganzes Buch darüber schreiben könnte. Reiter, die schon genügend Erfahrung mitbringen, können zum Beispiel durch die Weiten des Wattenmeeres vor Pellworm galoppieren. Auf der anderen Seite des Landes sind unter anderem Ausritte am Schönberger Strand und durch die Probstei möglich oder auch Schnuppertage mit den Pferden für Einsteiger. Und dazwischen verteilen sich weitere zahlreiche Höfe im grünen Binnenland und an den Küsten. Ein Höhepunkt im Jahresturnierkalender ist die Baltic Horse Show (CSI) in der Sparkassen-Arena-Kiel. Neben internationalem Spitzenspringsport gibt es Unterhaltung für die ganze Familie, eingeläutet vom traditionellen Cellagon Eröffnungskonzert im Kieler Schloss. Auch im nahen Neumünster trifft sich die internationale Reiterszene regelmäßig: beim Traditionsturnier VR Classics in den Holstenhallen – Dressur- und Springreiten mit Weltcupstatus. Als Landesreiterstadt gilt Bad Segeberg mit der Geschäftsstelle des Pferdesportverbandes Schleswig-Holsteins.

RSH -TIPP

Im Ostseeheilbad Grömitz-Lenste können Sie einen Mondscheinausritt am Strand unternehmen. Neben zweistündigen Ausritten werden auch einstündige Touren für weniger geübte Reiter angeboten. Freizeitreiten Hopp: www.freizeitreiten-hopp.de

Informationen Wattreiterhof, Britta und Ronald Herbst · Süderhoogweg 4 · 25849 Pellworm · herbst@wattreiten.de · ww.wattreiten.de · Abenteuer Wanderreiten am Schönberger Strand, Wiebke Nahrgang · Wiesenweg 3 · 24217 · Tel. 04344/412342 · www.abenteuerwanderreiten.de · Pferdesportverband Schleswig-Holstein e. V. · Marienstr. 15 · 23795 Bad Segeberg · Tel. 04551/889 20 · Auf der Homepage des Pferdesportverband Schleswig-Holstein sind weitere zahlreiche Adressen der angeschlossenen Betriebe zu finden: www.pferdesportverband-sh.de, www.baltic-horse-show.de, www.reitturnier-neumuenster.de

Der KäseStraße ein Stück weit folgen

96

Die Route der Gaumenfreuden verläuft einmal rund um Schleswig-Holstein. Ganze 500 Kilometer könnten Sie dabei zurücklegen, oder einfach eine Region besuchen – zum Beispiel Nordfriesland mit dem feinen Käse von Milchschafen, dem handgemachtem »Husumer« und Deichkäse. Denn einige der Käsereien verkaufen auch direkt ab Hof.

Um die Käsekultur im Land zwischen den Meeren zu fördern, wurde im Jahr 2000 der Verein KäseStraße Schleswig-Holstein e.V. gegründet. Inzwischen gehören dazu 30 handwerkliche Käsereien, die zusammen mehr als 100 Käsesorten produzieren, teils konventionell und teils nach Bio-Richtlinien, viele sind Familienbetriebe. Darunter sind auch wahrhaft »ausgezeichnete« Käsemeister, die sich mit Anerkennung von Gourmet-Magazinen genauso schmücken können wie mit der Zugehörigkeit zur Käsebruderschaft St. Uguzon, der größten Vereinigung der Welt dieser Art.

Die KäseStraße verbindet sämtliche produzierenden Mitgliedsbetriebe des Vereins, die sich im ganzen Land verteilen – daher verläuft sie einmal rund um Schleswig-Holstein, auf einer Länge von insgesamt rund 500 Kilometern. Bei vielen Käsebetrieben können Sie direkt einkaufen. Jede Region hat ihre eigenen Spezialitäten. So tragen die Ostfriesischen Milchschafe dazu bei, die einmalige Naturlandschaft auf der Halbinsel Eiderstedt zu bewahren. Hier können Sie die Friesische Schafskäserei besuchen, einen Familienbetrieb mit Hofkäserei und Direktvermarktung.

Ihre nächste Station könnte die Rohmilchkäserei Backensholz zwischen Husum und Schleswig sein, um zum Beispiel den rot geschmierten Husumer einzukaufen. Nicht weit davon, in Ostenfeld bei Husum, befindet sich die nach eigenen Angaben kleinste Meierei Schleswig-Holsteins mit Bio-Käse aus eigener Produktion – unter anderem den preisgekrönten Deichgraf.

Informationen KäseStraße Schleswig-Holstein e.V. · www.kaesestrasse-sh.de · Friesische Schafskäserei · Hofladen: Mo–Fr 10–18 Uhr, Sa 10–14 Uhr, Kirchdeich 8 · 25882 Tetenbüll · Tel. 04862/348 · www.friesische-schafskaeserei.de · Rohmilchkäserei Backensholz GmbH & Co. KG · Mo bis Fr 8–17 Uhr, Sa 9–13 Uhr · Schwabstedter Damm 8 · 25885 Oster-Ohrstedt · Tel. 04626/18580 · www.backensholz.de · Ostenfelder Meierei · www.ostenfelder.de

Auf einem Obsthof einkaufen

97

Saftige Kirschen, duftende Himbeeren und rotwangige Äpfel: Am besten schmeckt Obst »vom Baum oder Strauch in den Mund«. Naturgenuss im wahrsten Sinne des Wortes machen Schleswig-Holsteins Obstbauern möglich – beim Selbstpflücken, beim Direktverkauf im Hofladen, im eigenen Landcafé und auf Hoffesten.

In Zeiten des nachhaltigen Denkens und mit dem Boom der Bio-Läden gewinnt diese ursprüngliche Weise des Einkaufens wieder an Bedeutung. Nirgendwo sind die Transportwege kürzer als bei frischem Obst, das direkt vor der Haustür gewachsen ist. Die Sortimentsvielfalt passt zur Region, und Besucher können förmlich miterleben, wie die Produkte wachsen und gedeihen, die später auf dem Teller landen. In den Hofläden, teils schon regelrechte Feinkostgeschäfte, bekommen sie außer frischem Obst oft auch daraus hergestellte Leckereien wie Konfitüren, Gelees, Säfte, Sirupe, Liköre und Fruchtweine, mitunter auch Spezialitäten wie Erdbeersenf oder Erdbeerhonig sowie Kartoffeln, Eier und Honig oder auch Spargel und anderes Gemüse. Auf vielen Höfen kann man auch gemütlich Kaffee trinken und selbst gebackenen Kuchen oder Obsttorten essen (natürlich belegt mit den eigenen Früchten), sich mit selbst gepflückten Blumen vom Feld einen üppigen Sommerstrauß binden oder zur Weihnachtszeit einen frisch geschlagenen Tannenbaum holen.

RSH -TIPP

Himbeeren oder Kirschen pflücken auf dem Stockseehof. Besonders Kindern gefällt dabei der »Kirschenexpress«. Der malerische Gutsbetrieb öffnet seine Tore auch für besondere Events, unter anderem beim Schleswig-Holstein Musikfestival. www.stockseehof.de

Informationen Die Landwirtschaftskammer hat in Zusammenarbeit mit dem Obstbauberatungsring Schleswig-Holstein e.V. eine Liste der Direktvermarkter zusammengestellt – mit rund 40 Obstbauern aus ganz Schleswig-Holstein, geordnet nach Postleitzahlen. Eine aktuelle Übersicht auch über andere Direktvermarkter bietet die Internetseite der Landwirtschaftskammer: www.lksh.de Stichwort

98 Schleswig-Holstein mit dem Kanu durchqueren

Das Auto können Sie stehen lassen, man kommt auf viel schönere Weise von einer Küste an die andere. Gleich vier abwechslungsreiche Reviere zwischen Nord- und Ostsee laden zu Ausflügen auf dem Wasser ein. Die längsten Flüsse des Landes und zahlreiche Seen bilden ganze Netze von Wasserwegen, auf denen es immer wieder Neues zu entdecken gibt.

So ist die 62 Kilometer lange Schwentine, die am Bungsberg entspringt und in die Kieler Förde mündet, fast auf der gesamten Strecke befahrbar. In zahlreichen Windungen schlängelt sie sich durch die Landschaft, vorbei an Seerosenfeldern und weiten Reetflächen, durch wilde Weiden und Erlenbruchwälder. Sie verbindet auch 17 Seen, viele davon liegen in der Holsteinischen Schweiz, dem größten Naturpark des Landes. »Heiliger Fluss« wurde die Schwentine einst von den hier siedelnden Slawen genannt. Heute ist sie einer der abwechslungsreichsten Wasserwanderwege im Norden.

Sie könnten aber auch Schleswig-Holsteins größte zusammenhängende Flusslandschaft von Heide bis Flensburg erkunden, gebildet von Eider, Treene und Sorge und dabei Störchen, Kiebitzen oder dem seltenen Brachvogel begegnen.

Im Südosten des Landes erstreckt sich das Kanurevier Lauenburgische Seen-Trave an der ehemaligen innerdeutschen Grenze. Mit 80 Kilometer Wasserstraßen reicht es von Bad Segeberg über Lübeck bis hin zum Schaalsee reicht. Dazu gehört – neben der Trave – die 14,5 Kilometer lange Wakenitz (siehe auch Kapitel 50). Ab Lübeck können Sie ihm bis zum Ratzeburger See folgen. Fast wie im Dschungel fühlt sich auch eine Paddeltour durch das Kanurevier Stör-Holsteiner Auenland an: Die kurvenreichen Auenläufe leiten durch urige Wälder, auch muss man sich hier schon mal ducken, um unter einem quer liegenden Baumstamm durchzupaddeln. Dabei geht es von der Elbe bei Glückstadt über die Stör bis ins grüne Holsteiner Auenland bei Bad Bramstedt, auf insgesamt 250 Kilometern Wasserwege.

RSH -TIPP

Sie können sogar die Lübecker Altstadtinsel vom Kanu oder Kajak aus erkunden, ist doch das kulturelle Herz der Stadt gerahmt von den Flüssen Trave und Wakenitz. Beide Richtungen sind aufgrund der geringen Strömung einfach zu befahren. Boote gibt es bei der Kanu Zentrale Lübeck (www.kanu-zentrale.de)

nformationen Es gibt in allen Revieren ahlreiche Anbieter von Kanus und Kajaks, Listen tehen zum Download auf www.sh-tourismus.de/ e/kanu-anbieter-pauschalen sowie für z.B. das evier Eider-Treene-Sorge auf www.eider-treene-orge.de/kanu/anbieter.html · eine Auswahl: chwentinetalfahrt: www.schwentinetalfahrt.de · Plöner See: www.kanucenter-ploen.de · Stör: Funkajaks – Outdoor und Kanusport, www.funkajaks.de · Ein Hinweis zur Trave: Hier ist auch Verkrautung ein Thema. Auskünfte zu den Krautsperren erteilt die Strommeisterei Hamberge (zuständig für die Region Bad Segeberg bis Lübeck): Tel. 0451/8913570

RSH
Radio Schleswig-Holstein

Beim R.SH-Kindertag dabei sein

99

Es ist das größte Kinderfest im hohen Norden und kommt vielleicht schon nächstes Jahr in Ihre Stadt. Alle Schleswig-Holsteiner sind herzlich dazu eingeladen, die Kleinen einmal so richtig zu feiern. Hier wurde ein Aufruf der Vereinten Nationen erfolgreich in Spaß für alle umgesetzt, denn das Programm auf der R.SH-Showbühne gefällt auch den Eltern.

Dieses Fest gehört in Kinderhände, und es wird ganz viel gelacht. Lokale Vereine, Verbände und Sponsoren tragen dazu bei, dass es in der jeweiligen Gemeinde ein Zuhause findet. Neben dem kostenlosen Programm auf der großen R.SH-Bühne sind zahlreiche weitere Attraktionen und Mitmachaktivitäten auf dem Kindertagsgelände geboten, begleitet von musikalischen Top-Acts. Mit Spannung erwarten auch die Großen, welche Bands aufspielen werden, denn das wird erst im jeweiligen Sommer verraten. In den vergangenen Jahren waren unter anderem Blue, Frida Gold, Dante Thomas, US 5, Monrose oder Patrick Nuo mit dabei.

Längst ist der Kindertag mit R.SH eine feste Institution in Schleswig-Holstein: Zum ersten Fest 1991 in Hohenwestedt kamen 15 000 Besucher. Sieben Jahre später begrüßte Itzehoe bereits 60 000 Kinder und Eltern. Alle Rekorde brachen die Kindertage 2004 in Schleswig und 2010 in Travemünde: Jeweils mehr als 100 000 kleine und große Gäste besuchten die R.SH-Veranstaltung. Das fröhliche Fest geht auf eine Empfehlung zurück, die die Vereinten Nationen 1954 an ihre Mitgliedsstaaten richteten: Alle sollten einen »Universal Children's Day« einführen, um damit ein weltweites Zeichen für Kinderrechte zu setzen. Dieser Tag sollte die Erwachsenen daran erinnern, sich mehr für Kinder und ihre Bedürfnisse einzusetzen. Mehr als 130 Länder setzten diese Idee inzwischen um, Initiator des Kindertages in Schleswig-Holstein ist R.SH.

Informationen Infos zum R.SH-Kindertag erhalten Sie unter www.rsh.de oder per Service-Hotline: 08 000–80 20 30

100 Mindestens eine Bügelflasche öffnen

Der Verschluss mit dem »Plop« ist zumindest hierzulande längst mehr als eine Marketingstrategie: Er ist quasi schleswig-holsteinisches Kulturgut und seit der Werner-Comics auch Kult. Nach Flensburg läutete auch Dithmarschen den Siegeszug des Bügelverschlusses ein. So »ploppt« der ganze Norden, und das geht längst auch ohne Alkohol.

Mit den Comics von Zeichner Rötger Feldmann alias »Brösel« wurde das Ploppen zu einem Lebensgefühl: Daumen an den Metallbügel, einmal drücken und schon kann das Bier (für Werner: der »Bölkstoff«) die Kehle herunterrinnen, ob am Strand oder beim Motorradschrauben. Es lies sich kaum verbergen, dass damit das Pils von der nordlichsten Brauerei der Republik gemeint war. Dort produziert man die Flaschen mit dem Bügelverschluss schon seit 125 Jahren. Erfunden und patentiert wurde dieser erste transportsichere Deckel für das aufschäumende Getränk bereits im späten 19. Jahrhundert, sogar 15 Jahre vor dem Kronkorken. Dass Letzterer sich auf breiter Ebene als Standard-Bierverschluss in der Getränkeindustrie durchsetzte, lag an den niedrigeren Produktionskosten, bedingt auch durch die einfachere Abfüllung und Flaschenreinigung. Damals steckten die Verfahren noch in den Kinderschuhen. Nachdem technologische Schwachstellen behoben werden konnten und der »innovative Plop« sich einen Namen gemacht hatte, stiegen weitere Bierbrauereien auf die auch bei Sammlern beliebten Flaschen mit Bügelverschluss um. In Schleswig-Holstein brachte die Dithmarscher Brauerei mit dem plattdeutschen »Beugelbuddelbeer« (Bügelflaschenbier) ein würdiges Pendant von der Nordseeküste hervor. Der Marktführer Flensburg hat unterdessen seine Palette an »Plops« wachsen lassen. So lässt sich das kultige Geräusch heute auch mit Mineralwasser, Malzbier und Fassbrause erzeugen.

Informationen Werksbesichtigungen der Flensburger Brauerei: Terminvereinbarung mindestens 4 Wochen vorher. Anmeldung und Infos bei Gesa Jensen, Tel.: 0461/86 31 22 · brauereibesuch@flens.de · Flensburger Brauerei www.flens.de · Auf der Homepage steht der »Plop«-Ton auch als mp3-Download bereit · Dithmarscher Brauerei-Besichtigungen: Di 15 Uhr, Sa 10 Uhr (Anmeldung erforderlich) · www.dithmarscher.de

Wellness auf Norddeutsch.
plop'
FLENSBURGER
PILSENER
FLENSBURGER
PILSENER
FLENSBURGER
PILSENER
FLENSBURGER
ÖKO-TEST
Flensburger
Pilsener
sehr gut
BIER
BEWUSST
GENIESSEN.
DIE DEUTSCHEN BRAUER.
Genuss erleben. Flensburger Pilsener.
Gebraut mit Küstengerste aus Schleswig-Holstein.

Register

Impressum

Verantwortlich: Ulrich Jahn, Birgit Wagner
Redaktion: Nadja Pietraszek
Layout: Roman Bold Black
Repro: Repro Ludwig
Kartografie: Huber Kartographie, Heike Block
Herstellung: Bettina Schippel
Printed in Slovenia by Florjancic

★★★★★

Sind Sie mit diesem Titel zufrieden? Dann würden wir uns über Ihre Weiterempfehlung freuen.
Erzählen Sie es im Freundeskreis, berichten Sie Ihrem Buchhändler, oder bewerten Sie bei Onlinekauf. Und wenn Sie Kritik, Korrekturen, Aktualisierungen haben, freuen wir uns über Ihre Nachricht an Bruckmann Verlag, Postfach 40 02 09, D-80702 München oder per E-Mail an lektorat@verlagshaus.de.

Unser komplettes Programm finden Sie unter www.bruckmann.de

Alle Bilder stammen von der Autorin, mit Ausnahme von:

Bildnachweis: S. 7, 14 Armin Scheider: S. 10/11 WipfelglüSandra Gürtler, Wedel Marketing e.V., S. 9 u.; Wikimedia Commons (CC BY-SA 3.0): S. 10 (Politikaner), 21 (C. Löser), 38 (Frühstückbeistefanie), 55 (Christoffer A Rasmussen), 57 o. (Memorino), 93 (Joachim Müllerchen, 98 (N-Lange.de), 116 (Malte Tychsen), S. 149 (Алефіренко Петро Геннадієвич), 129 o. (VollwertBIT), 168 o. (Frank Vincentz), 168 u. (Huhu Uet); Stadt Uetersen, S. 13 (2);Holstein Tourismus/photocompany, S. 16 (2); GDM/Kautz, S. 19 o.; Shutterstock (www.shutterstock.com): S. 19 u. (Torsten Dietrich), S. 59 (Kzenon), S. 81 (Neil Burton), S. 140 (Steffen Hoejager), S. 159 u. (Schrubbel), S. 174 o. (Hallgerd), S. 174 u. (anse), S. 177 (wassiliy-architect), S. 183 (Inc); Wattolümpiade e.V., S. 23 (2); Picture Alliance: S. 24, S. 103 (Carsten Rehder), S. 71 (rtn - radio tele nord), S. 109 (Stefan Sauer), S. 159 o. (Stephan Persch);Seehundstation Friedrichskoog e.V., S. 26 (2); Sturmflutenwelt Blanker Hans, S. 28 (2); Tourismusverein Wesselburen, S. 32; Multimar Wattforum: S. 36 o. (Schlorke), S. 36 u. (Christensen); Tourismusverein Friedrichstadt u.U. e.V.: S. 41 o. (Dirk Jacobs), S. 41 u. (Anke Stecher); Johannsen Rum, S. 47 (2); Hallig Hooge/Stefan Koenig, S. 49; Stiftung Seebüll Ada und Emil Nolde/ Helmut Kunde, S. 57 u.; MesseRendsburg, S. 63 (2); NordArt im Kunstwerk Carlshütte, S. 65 (2); Michael Staudt, S. 75 o. ; Melanie Engel, S, 75 u. ; A. von Werner/TI Eutin, S. 77; picture alliance / dpa S. 78; Museum Tuch + Technik, S. 82 (2); Claus Harlandt/Fotostudio Nordlicht, S. 87 (2); Kurverwaltung Mölln, S. 88; Wakenitz Schifffahrt, S. 94; Die Lübecker Marzipan-Speicher, S. 97; HANSA-PARK, S. 101; Baltic Pirates, S. 104; Tourismus-Service Grömitz, S. 106 (2); Silo Climbing, S. 110; Meereszentrum Fehmarn GmbH, S. 113 (2); *Deutscher Marinebund e. V./Schumacher, S. 120*; Freilichtmuseum Molfsee, 123 (2); Marco Knopp, S. 125 o., 184; Landeshauptstadt Kiel: S. 125 u. (Sven Meier), S. 163 (Bodo Quante); Honigmanufaktur Flügelchen, S. 130; Hochseilgarten Altenhof, S. 132 (2); Landesmuseen Schloss Gottorf, S. 139 (2); Eselkoppel, S. 143 (2); Eckhard Schmidt, S. 146 o.; Wolfgang Pehlemann, S. 146 u. ; Gisela Vierling, S. 153; Lübeck und Travemünde Marketing GmbH , S. 160 (2); Dr. Björn Rickert, S. 167; Benjamin Nolte, S. 170 (2); Thomas Ballonreisen S. 173; Stockseehof, S. 180 (2)

Umschlagvorderseite: Mitte: Drachensteigen in St. Peter Ording (C. Lendt)
Rechts: Lübecker Marzipan Speicher (Lübecker Marzipanspeicher)
Links: Junge auf dem Bauernhof (anse/shutterstock.com)
Umschlagrückseite: Mitte: Spieler bei der Wattolümpiade (Wattolympiade e.V.)
Rechts: Kieler Woche (Coqrouge/shutterstock.com)
Links: Sehundstation Friedrichskoog (Christine Lendt)

Die Deutsche Nationalbibliothek verzeichnet diese Publikation in der Deutschen Nationalbibliografie; detaillierte bibliografische Daten sind im Internet über http://dnb.d-nb.de abrufbar.

ISBN 978-3-7343-0529-0